100 Great
Extensions
& Renovations

100 Great Extensions & Renovations

100 Extensions et Rénovations Remarquables

Philip Jodidio

images
Publishing

Published in Australia in 2007 by
The Images Publishing Group Pty Ltd
ABN 89 059 734 431
6 Bastow Place, Mulgrave, Victoria 3170, Australia
Tel: +61 3 9561 5544 Fax: +61 3 9561 4860
books@images.com.au
www.imagespublishing.com

National Library of Australia Cataloguing-in-Publication entry:

Jodidio, Philip
100 Great Extensions & Renovations.

ISBN 1 920744 51 7

1. Architecture, Domestic. 2. Dwellings – Maintenance and repair.
3. Dwellings – Remodelling. 4. Buildings – Additions. I. Images Publishing Group. II. Title

728

Edited by Aisha Hasanovic

Designed by The Graphic Image Studio Pty Ltd,. Mulgrave, Australia
www.tgis.com

Digital production by Splitting Image Colour Studio Pty Ltd, Australia
Printed by Everbest Printing Co. Ltd. in Hong Kong/China

Contents

Introduction

By Philip Jodidio

There could hardly be a more topical subject in contemporary architecture than extensions and renovations. This is true even for the most prestigious institutional buildings, such as London's Tate Modern (1998–2000), remodelled by the Swiss architects Herzog & de Meuron. Located opposite Saint Paul's Cathedral on the Thames, the Bankside Power Station was built in two phases, in 1947 and 1963, by Sir Giles Gilbert Scott, who was also the inventor of the famous red English telephone box. Shut down in 1981 because of the pollution it produced, the power plant became a textbook case of renovation and internal extension. Preserving the space of the former Turbine Hall as the entrance area, the architects opted for an approach that conserved the rough, industrial qualities of the building, while providing 10,000 square metres of state-of-the-art exhibition space on the Thames side of the building.

Although this book concerns residential architecture, the value of an institutional example such as Tate Modern is obvious. For reasons of cost, historic preservation and taste, more and more clients have opted for adaptive reuse of old buildings. Rather than trying to give a veneer of history to new buildings, as the short-lived Postmodern movement attempted to do, owners, developers and architects have found that giving new life to old stones and wood is a worthy challenge.

Tadao Ando, featured in this book with his **Koshino House**, did not seek in this instance to reuse an old building, but did agree to extend a house he had designed a few years earlier. When the substance of what exists is more valid than what could be built in its place, renovations and extensions are the logical course.

The reasons for upgrading existing buildings can be numerous. Former industrial facilities, such as warehouses, and **a former sewage treatment plant** designed by Dick van Gameren and Bjarne Mastenbroek, offer spaces that easily can be converted into lofts or unusual apartments. The cachet offered by old walls, iron pillars or high ceilings could only be brought to contemporary construction at a high expense or at the cost of creating a superficial pastiche. Then too, in a fundamental way, architecture evolves to meet the needs of living patterns. In the past, where apartment or house plans may not have placed a

Il n'y a guère de sujet plus à l'ordre du jour dans l'architecture contemporaine que les extensions et les rénovations. Cela est vrai même pour les bâtiments institutionnels les plus prestigieux tels que la *Tate Modern* de Londres (1998-2000), dont la reconversion a été réalisée par le cabinet d'architectes suisse Herzog & de Meuron. Située en face de la cathédrale Saint-Paul au bord de la Tamise, la centrale électrique *Bankside Power Station* avait été construite en deux phases, en 1947 et en 1963, par Sir Giles Gilbert Scott, à qui l'Angleterre doit ses célèbres cabines téléphoniques rouges. Mise hors service en 1981 à cause de la pollution qu'elle engendrait, la centrale est devenue un exemple typique de rénovation et d'extension intérieures. Conservant l'espace qui abritait l'ancienne turbine, *Turbine Hall*, pour en faire le hall d'entrée, les architectes ont opté pour une méthode d'approche consistant à préserver l'aspect extérieur mal dégrossi du bâtiment industriel, tout en aménageant un espace d'exposition ultramoderne de 10 000 mètres carrés sur le côté Tamise.

Bien que ce livre soit dédié à l'architecture résidentielle, l'exemple d'un bâtiment institutionnel comme la *Tate Modern* présente un intérêt certain. Pour des raisons économiques, de protection du patrimoine historique et de goût, de plus en plus de clients choisissent la réutilisation adaptative de vieux bâtiments. Plutôt que d'essayer de donner une apparence historique à de nouvelles constructions, comme a tenté de la faire l'éphémère mouvement postmoderniste, les propriétaires, les promoteurs immobiliers et les architectes ont trouvé plus stimulant de donner une vie nouvelle aux vielles pierres et au vieux bois.

Tadao Ando, qui apparaît dans ce livre avec sa **maison Koshino**, n'a pas visé dans cet exemple à réutiliser une ancienne construction, mais a accepté d'agrandir une maison qu'il avait conçue plusieurs années auparavant. Quand la substance de ce qui existe s'avère supérieure à ce qui pourrait être construit à sa place, les rénovations et les extensions représentent la façon logique de procéder.

Il existe de nombreuses raisons pour procéder à la modernisation de bâtiments existants. Les anciennes installations industrielles, telles que les entrepôts ou **la station dépuration des eaux** usées reconvertie par Dick van Gameren et Bjarne Mastenbroek, offrent des espaces qui peuvent être facilement transformés en lofts ou en appartements sortant de l'ordinaire. Le cachet que procurent les vieux murs, les piliers de fer et les plafonds hauts ne pourrait être apporté à la construction contemporaine qu'à grands frais ou qu'en créant un pastiche superficiel. L'architecture a aussi évolué de façon fondamentale pour répondre aux besoins d'un mode vie

great emphasis on internal light or kitchen space, these factors have now become significant for many clients who seek to modernise old homes. Skylights, large windows and fully glazed garden walls have become the rule in residential extensions. So have kitchens that serve more as true family rooms instead of the outmoded living room–dining room arrangement. Another growing trend in residential renovations is the increasing number of clients who have chosen to live and work in the same building. The **Pedro Pedrazzini Studio extension** (Baseraga Mozzetti architects, Lavertezzo, Switzerland), Artist's Studio (Daly Genik Architects, Silverlake, California), and Steven Ehrlich's **Wosk Studio** (Santa Monica, California) are such examples. Similarly, the Hametner Residence and Gallery (Hans Gangoly, architect, Stoob, Austria) was the result of the conversion of a farmhouse into a living space and art gallery.

The architect is all the more sought after when complex additions or refits are involved. Making spaces work together, and making old spaces seem new are tasks that require a high degree of specialisation and intelligent design. The matter of the style of an extension also comes into play. Is it better to blend in with what existed, or to make a conscious break with the older structure? Naturally the response involves the client, and often the local heritage authorities where historic buildings are concerned, but the architect too has an opinion. One of the trends today is towards extensions that are modern but not aggressively different from the 'parent' structures. Many designers opt for an almost ethereal lightness, with thin steel supports and fully glazed surfaces, making extensions the light-filled expression of today's sensibility, as opposed to the darker, more protective environments sought in earlier times.

The examples selected here vary intentionally, from the modest to the spectacular, from the purely contextual to the wilfully contradictory. Robert Simeoni took on the extension of a Victorian (c. 1876) listed house and added an extension that is purely modern (**Woolamai House**, Cape Woolamai, Phillip Island, Australia). The architect explains, 'The new wing is different in its architectural expression, seeking to validate the existing house without attempting to mimic or reduce its cultural value. A glazed link separates the two buildings and the alignment is

changeant. Si, dans le passé, les plans d'appartement ou de maison n'accordaient que peu d'importance à la lumière intérieure ou à l'espace cuisine, ces facteurs sont maintenant devenus primordiaux pour de nombreux clients qui cherchent à moderniser leurs vieilles maisons. Les lanterneaux, les grandes baies vitrées et les verrières de jardin sont devenus la norme pour les extensions résidentielles. Il en va de même pour les cuisines modernes, qui servent plus de véritables pièces familiales et qui ont remplacé l'arrangement salle de séjour-salle à manger d'un autre âge. Une autre tendance grandissante dans les rénovations résidentielle est le nombre croissant de clients qui ont choisi de vivre et de travailler dans un même endroit. **L'extension du studio de Pedro Pedrazzini** (par le cabinet d'architectes Baseraga Mozzetti, à Lavertezzo en Suisse), le studio d'artiste (par Daly Genik Architects, à Silverlake en Californie) et **le studio Wosk** de Steven Ehrlich (à Santa Monica en Californie) en sont des exemples frappants. De même, la résidence-galerie Hametner (conçue par l'architecte Hans Gangoly, à Stoob en Autriche) est le produit de la conversion d'une ferme en un espace de séjour doublé d'une galerie d'art.

L'architecte est d'autant plus recherché que les adjonctions ou les rénovations sont complexes. Etablir un rapport entre les espaces et donner à l'ancien l'aspect du nouveau sont des tâches qui nécessitent un haut degré de spécialisation et une conception intelligente. La question du style de l'extension a également son importance. Vaut-il mieux se situer dans le prolongement de ce qui existe déjà, ou faire une rupture délibérée avec le style de la vieille structure ? Naturellement, la réponse à cette question fait intervenir le client, et souvent les autorités locales chargées de la protection du patrimoine national quand on a affaire à des bâtiments historiques, mais l'architecte a également son mot à dire. La tendance actuelle est pour des extensions qui soient modernes sans pour autant créer un contraste trop marqué avec les structures « parentes ». De nombreux concepteurs optent pour une clarté quasi éthérée, engendrée par l'utilisation de minces supports en acier et de surfaces entièrement vitrées, faisant de ces extensions inondées de lumière l'expression de la sensibilité actuelle, par opposition aux environnements plus sombres et plus protecteurs qui étaient recherchés autrefois.

Les exemples sélectionnés ici varient du tout au tout, du modeste au spectaculaire, du purement contextuel au délibérément contradictoire. Robert Simeoni s'est chargé de l'extension d'une maison classée de l'époque victorienne (v. 1876) et en a fait une construction purement moderne (**maison Woolamai**, à Cap Woolamai dans l'île Philippe,

slightly offset to create an intimate (both internal and external) space between the two. The new building, while clearly varying from the original house in form and expression, acknowledges the existing through its siting, proportion and particularly its transparency. This transparency and its deliberate openness acts as a counterpoint to the introverted and somewhat mythical nature of the original 19th-century house'. At almost the opposite end of the scale, architect Olivier de Perrot exercised his talents to provide garden access to a modest kit house in the residential area of Gelterkinden, Switzerland. His **black concrete extension** did not so much seek to be contextual, but to provide a real solution to owners unhappy with the original, inappropriate siting of the home.

Though existing houses are most often the basis for the extensions and renovations featured here, there are also examples of former industrial spaces, or even farm buildings. Swiss architect Inès Lamunière chose to renovate a **high mountain barn structure** located near Evolène in the Valais region of Switzerland. Aside from providing a modern living space inside a former rough wood structure her aim was to show that even in the very dangerous avalanche conditions on the site, engineering and architecture could provide valid solutions. She built a thick concrete wall behind the house, whose bright greenish colour does not seek to conceal its function. Lamunière also published a book called *Habiter la Ménace (Living in Danger)* in which she underlined this and other examples of how architecture can face up to threatening environments. Her Evolene project might well be called renovation with a message (and a view). Closer to sea level, perhaps even a bit below it, architect Bjarne Mastenbroek renovated and added to an existing **farmhouse and outbuildings** located near the town of Zutphen in the province of Gelderland, in the Netherlands. The 'continuous skin of vertical timber laths' used on his striking extension shows that vernacular architecture can also provide a source of considerable inspiration to contemporary architects who are not bent on making their work totally alien to its environment.

Though many of the featured extensions or renovations represent the architect's response to a client's needs, there are some instances where the architects themselves

Australie). L'architecte explique : « La nouvelle aile est différente et valide la maison existante, sans pour autant essayer de copier ou de diminuer sa valeur culturelle. Les deux bâtiments sont séparés par un lien vitré et leur alignement est légèrement décalé pour créer un espace (intérieur et extérieur) intime entre eux. Bien que la nouvelle construction soit différente de la maison originale par sa forme et son expression, elle rend hommage à cette dernière par son emplacement, ses proportions et sa transparence. Son ouverture délibérée sert de contrepoint à la nature introvertie et quelque peu mythique de la maison originale du XIXe siècle ». Pratiquement à l'autre extrême, l'architecte Olivier de Perrot a fait usage de ses talents pour ouvrir une modeste demeure en préfabriqués, dans le quartier résidentiel de Gelterkinden en Suisse, sur son jardin. Son **extension noire en béton** a moins recherché à être contextuelle qu'à fournir une vraie solution aux propriétaires, qui n'étaient pas contents du choix malencontreux de l'emplacement de la maison.

Si cet ouvrage est principalement consacré aux extensions et aux rénovations apportées à des maisons existantes, il contient également des exemples de transformation d'anciens espaces industriels et même de bâtiments de ferme. L'architecte suisse Inès Lamunière a choisi de rénover une **grange de haute montagne** située près d'Evolène, dans le canton de Valais en Suisse. En plus de créer un espace de séjour moderne à l'intérieur d'une structure rudimentaire, son but était de démontrer que, en dépit des dangereuses conditions d'avalanches menaçant le site, l'ingénierie et l'architecture pouvaient se combiner pour fournir des solutions efficaces. Elle a construit derrière la maison un épais mur de béton dont la couleur vert clair ne fait rien pour dissimuler sa fonction. Lamunière a également fait publier un livre intitulé *Habiter la menace*, dans lequel elle cite, parmi d'autres, cet exemple d'architecture offrant des parades aux menaces de l'environnement. Son projet à Evolène pourrait très bien s'appeler « rénovation avec message » (et panorama). Plus près du niveau de la mer, et même peut-être un peu en dessous, l'architecte Bjarne Mastenbroek a rénové et agrandi **une ferme et ses dépendances** près de la ville de Zutphen, dans la province de Gelderland aux Pays-Bas. L'« enveloppe continue de lattes verticales en bois » utilisée pour cette extension démontre que l'architecture vernaculaire peut aussi s'avérer être une source d'inspiration considérable pour les architectes contemporains, qui ne sont pas forcément enclin à aliéner totalement leurs œuvres de leur environnement.

Si la plupart de ces exemples de rénovation et d'extension illustrent les actions entreprises par les architectes pour

express their reactions to regulatory or even cultural frustrations. One of the more amusing cases is that of the architect Manuel Herz who created his **Legal/Illegal building** in Cologne, Germany. Restoring the lower half of a historic gate building in perfect accord with local building regulations, he topped the structure with an eccentric red polyurethane-clad structure that intentionally seeks to violate almost every existing provision of the German building codes and the construction rules of Cologne. Despite this provocation, his building permit was granted without comment by the authorities. While not seeking to violate building codes, architect Christian Matt returned to his native Bregenz after working for four years with Jean Nouvel, and found that his idea for a house extension 'crashed into the urban administration's vision of cosiness'. His rough steel 'oyster' nonetheless was built. In a more 'constructive' vein, the **Parasite Las Palmas** designed by Mechthild Stuhlmacher and Rien Korteknie for the roof of a Rotterdam warehouse, is a serious proposal to add living space to under-used urban sites. Precisely because it attempts to solve real housing problems with an innovative solution involving overlooked sites, the Parasite represents another form of architectural 'revolt' applied to residential extensions.

Where renovation of old spaces is concerned it might be said that the past serves more as an outer shell for modernity than a real guide for architects. Budgetary considerations play a role in deciding how far a renovation can go in terms of 'gutting' an existing building, but the very structure and situation of the building involved often set the rules as well. The **Daniel Bosser apartment** located on the Boulevard Richard Lenoir in Paris (Jakob + MacFarlane) is an exemplary case of renovation, converting a typical old Paris residence into a space appropriate for the exhibition of the client's collection of contemporary art. The irregularities of the original building could hardly have been entirely erased, and the architects proceeded to make a virtue out of these apparent 'imperfections'. In a way, Dominique Jakob and Brendan MacFarlane acted as they did when they designed the Georges restaurant atop the Centre Georges Pompidou in Paris. An ambitious renovation of a different sort, this project involved the use of the original grid of the 1977 Piano & Rogers building, morphed on a computer to create

répondre aux besoins des clients, il y en a certains qui font état de la réaction d'architectes face aux frustrations engendrés par les règlementations ou même les impératifs culturels. L'un des cas les plus amusants en la matière est celui de l'architecte Manuel Hertz, avec sa **maison Légale/Illégale** de Cologne en Allemagne. Après avoir restauré la moitié inférieure d'une maison au portail historique en respectant à la lettre la réglementation locale en matière de construction, il l'a coiffée d'une structure excentrique revêtue de polyuréthane rouge vif qui enfreignait intentionnellement presque toutes les dispositions des codes de construction allemands et la réglementation locale. Malgré cette provocation flagrante, les autorités lui ont accordé son permis de construire sans faire d'objections. Sans chercher à enfreindre les codes de construction, l'architecte Christian Matt est retourné dans son Bregenz natal, après avoir travaillé quatre ans avec Jean Nouvel, pour se rendre compte que son idée d'extension pour une maison « entrait en collision avec la vision douillette que l'administration urbaine se faisait du projet ». Son « huître » en acier mal dégrossi a pourtant été construite. Dans une veine plus « constructive », **le Parasite** *Las Palmas*, créé par Mechthild Stuhlmacher et Rien Korteknie pour le toit d'un entrepôt de Rotterdam, représente une proposition sérieuse d'adjonction d'espaces de séjour aux sites urbains sous-utilisés. C'est justement parce qu'il tente de résoudre des problèmes de logement réels par une solution novatrice faisant intervenir des sites négligés, que le Parasite représente une autre forme de « révolte » architecturale appliquée aux extensions résidentielles.

Quand il s'agit de rénover de vieux espaces, on peut dire que le passé sert plus de carapace à la modernité que de guide à l'inspiration des architectes. Les considérations budgétaires jouent un rôle décisif dans l'étendue d'une rénovation par rapport à l'« évidage » d'un bâtiment, mais, souvent, la structure et la situation mêmes du bâtiment concerné en établissent également les règles. **L'appartement Daniel Bosser**, situé sur le boulevard Richard Lenoir à Paris (cabinet d'architectes Jakob + MacFarlane), est un cas exemplaire de rénovation ; une résidence typique du vieux Paris a été convertie en un espace propre à recevoir la collection d'art contemporain du client. Les irrégularités de l'immeuble ne pouvaient guère être effacées, et les architectes se sont appliqués à tirer le meilleur parti de ces apparentes « imperfections ». D'une certaine façon, Dominique Jakob et Brendan MacFarlane ont répété leur prouesse du restaurant qu'ils avaient construit en haut du Centre Georges Pompidou. Une rénovation ambitieuse unique en son genre, ce projet s'est caractérisé par le morphage par ordinateur de la grille originale

extrusions housing the kitchen and other facilities. Apparently quite contemporary, these forms nonetheless found their origin, their DNA one might say, in the heart of the older building. So too, their **Daniel Bosser apartment** emerges as a contemporary space, born of the old one.

It would be difficult to summarise the results of a subjective survey of 100 worldwide renovations and extensions, but it does appear that modernity must today be defined differently from the way it was in the period of the tabula rasa proclaimed by early innovators like Walter Gropius. It isn't that the Farnsworth House by Mies van der Rohe is no longer an exemplary modern house, it is just that from California to Australia, architects and clients alike have learnt to live with, indeed, to love the past. More precisely, there is a taste for making the past new, for celebrating the juncture between the old and the modern, yesterday and today. Neither architects nor the inhabitants of a house start with a completely clean slate, and rather than pretending they can, both seem to have accepted the idea of a fusion that takes experience into account. Strong stone walls may have been the rule of another century but where they still stand, they can provide a layer of meaning, or protection even to the most modern interior. Again, cost is often a deciding factor, where it is cheaper to renovate than it is to demolish and start anew, but taste too plays a significant role. Renovations and extensions are fashionable the world over and it isn't only because clients want to spend less. The acceptance of the wealth of the past, of the architecture of another time as interpreted and updated to today's standards, is now seen as a positive element in homes.

du bâtiment de Renzo Piano et Richard Rogers, 1977, pour créer des extrusions destinées à contenir la cuisine et autres installations. D'apparence très contemporaine, ces formes trouvent néanmoins leur origine, leur ADN pourrait-on dire, au cœur du vieux bâtiment. Il en va de même pour leur **appartement Daniel Bosser**, qui émerge comme un espace contemporain né de l'ancien.

Il serait difficile de résumer les résultats de ce tour d'horizon subjectif portant sur 100 exemples de rénovations et d'extensions pris à travers le monde, mais il apparaît qu'aujourd'hui la modernité doit se définir différemment de ce qu'elle était à l'époque de la tabula rasa, que promulguait des innovateurs tels que Walter Gropius. Ce n'est pas que la maison Farnsworth de Mies van der Rohe ne soit plus un modèle de maison moderne, c'est seulement que, de la Californie à l'Australie, les architectes et leurs clients ont appris à vivre avec le passé, voire même à l'aimer. Plus exactement, un goût s'est développé pour rendre le passé présent, pour célébrer la rencontre de l'ancien avec le moderne, d'hier avec aujourd'hui. Ni les architectes ni les habitants d'une maison ne commencent en faisant table rase du passé et, plutôt que de prétendre le contraire, il semble qu'ils aient accepté l'idée d'une fusion prenant en compte l'expérience. Les solides murs de pierres ont peut-être été la norme dans un autre siècle, mais, là où ils restent encore debout, ils peuvent apporter signification et protection à l'intérieur le plus moderne. Encore une fois, si le coût est un facteur décisif, il est en effet moins cher de rénover que de démolir et de recommencer à zéro, le goût joue également un rôle non négligeable. Les rénovations et les extensions sont devenues très en vogue dans le monde, et ce n'est pas seulement parce que les clients veulent moins dépenser. L'adoption de la richesse du passé, de l'architecture d'un autre temps revue et adaptée aux normes d'aujourd'hui, est maintenant considérée comme un élément positif pour les lieux de résidence.

(Projects)

2300 Live Oak

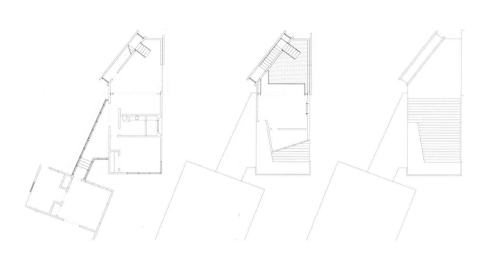

The architect added a 167-square-metre painting studio with a loft and master bedroom suite to an existing single-family dwelling designed by Wallace Neff. The link between the old and new structures consists of an enclosed glass walkway. Tighe explains that the massing of the building is 'reflective of the mountainous surroundings'. Because of the difficult hillside site, it was necessary to anchor the studio with nine reinforced concrete caissons that ranged between 9 and 15 metres deep. The new studio is a wood-frame structure with steel components and a stucco exterior. A series of windows capture views of the surrounding Hollywood Hills, including the famous Hollywood sign. The studio itself is a double-height space with indirect lighting. The upper level opens out onto a roof deck covered in an elastomere membrane. The architect emphasises that in order to be respectful of the original house he took care to relate the new structure to the old in a processional manner.

L'architecte a ajouté un studio de peintre de 167 mètres carrés, un grenier et une chambre à coucher avec salle de bains à une habitation familiale créée par Wallace Neff. L'ancienne et la nouvelle structures sont reliées par un passage fermé et vitré. Tighe explique que la volumétrie du bâtiment « reflète le cadre montagneux ». A cause des difficultés créées par un site à flanc de coteau, il s'est avéré nécessaire d'arrimer le studio à l'aide de neuf caissons en béton armé faisant de 9 à 15 mètres de profondeur. Le nouveau studio est une structure à charpente de bois, avec des composantes en acier et un extérieur en stuc. Une série de fenêtres révèle les collines environnantes de Hollywood, y compris le fameux panneau « Hollywood ». Le studio est un espace à double hauteur à éclairage indirect. Le niveau supérieur s'ouvre sur un toit-terrasse recouvert d'une membrane élastomère. L'architecte met en avant le fait qu'il a pris soin de respecter la maison originale et de la mettre en rapport avec la nouvelle structure de façon professionnelle.

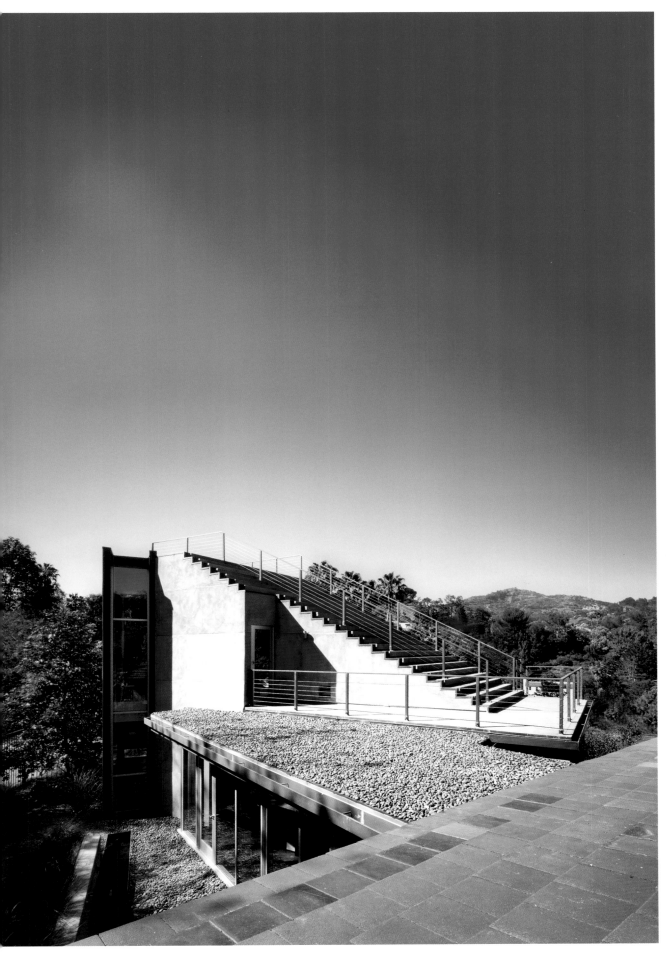

Aisslinger House

And8 ARCHITECTS aisslinger + bracht
Berlin, Germany

Photography by Aloys Kiefer

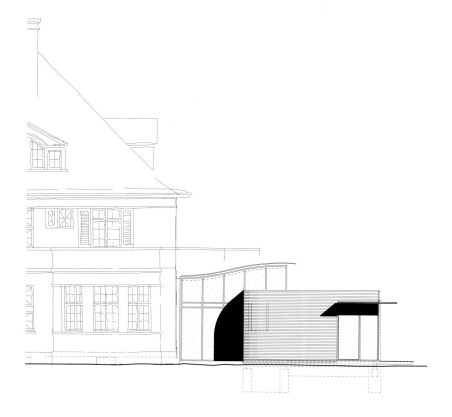

This is a 53-square-metre addition to a late 19th-century house located in the Berlin-Nikolassee area of the German capital. The intention was to create an independent children's area with two bedrooms, two bathrooms, a 16-square-metre greenhouse and a 5-square-metre alcove. A ladder leads from the greenhouse to the alcove that serves as both a play area and a guest room. A wave-shaped roof topped with titanium-coated zinc sheets runs above the alcove. The transition from the existing house to the intentionally different new space is made through the greenhouse. Curved larch siding and timber windows are used for the main body of the addition, with steel and glass for the conservatory and brick in the bathrooms. The form of this bright, modern addition was determined by the required function and also by the size and shape of the available area – a space limited by the legal distance that had to be maintained from the neighbour's property. The addition won the Timber Construction Prize Brandenburg, Mecklenburg-Vorpommern, Sachsen-Anhalt.

C'est une adjonction de 53 mètres carrés à une maison datant de la fin du XIXe siècle située dans le quartier Berlin-Nikolassee de la capitale allemande. Le but de cette adjonction était de créer un espace indépendant pour les enfants consistant en deux chambres, deux salles de bain, une serre de 16 mètres carrés et une alcôve de 5 mètres carrés. La serre, reliée à l'alcôve par une échelle, servait à la fois d'aire de jeux et de chambre d'amis. Un toit ondulé en tôles de zinc recouvertes de titane se prolonge au dessus de l'alcôve. Le passage de la maison existante au nouvel espace spécialement aménagé se fait par la serre. Un bardage courbé de mélèze et des fenêtres en bois sont utilisés pour le corps principal de l'adjonction, le jardin d'hiver est constitué de matériaux en acier et en verre et les salles de bains ont été construites en briques. La forme de cette adjonction, à la fois lumineuse et moderne, a été déterminée par l'utilisation qu'on voulait en faire, mais aussi par la taille et la forme de l'espace disponible – un espace limité par la distance officielle qui doit être maintenue entre une propriété et celle du voisin. Cette adjonction a reçu le Prix Brandenburg, Mecklenburg-Vorpommern, Sachsen-Anhalt de la construction en bois.

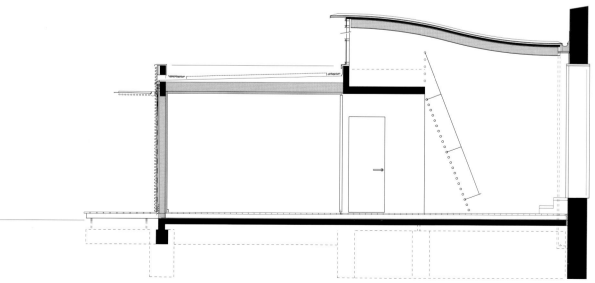

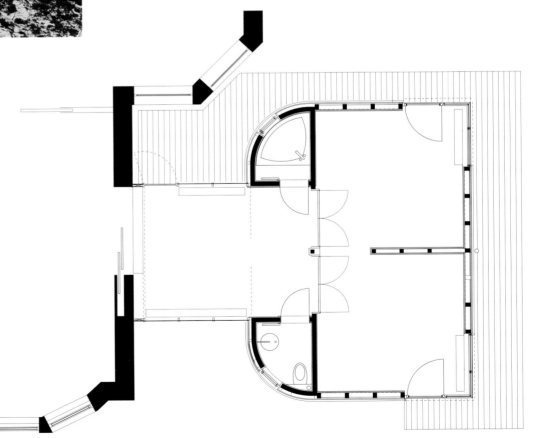

Alba Place

Henning Stummel Architects
London, UK

Photography by Luke Caulfield

Henning Stummel took the opportunity offered to him by a London client to show what he could do with a very small three-floor space. Alba Place is a Victorian mews near the famous Portobello Road market in London. The client challenged the architect with the task of completely modernising a mews house, which had stood derelict for many years. The architect's response was to completely reconfigure and rebuild the interior as a timber insertion. A basic rectangular floor plan was unexpectedly pierced by a full-height void, which brings light and modernity into the space. The firm focuses on combining new structures within historically sensitive sites, as well as assuring that new-build construction is ecologically considerate and a positive contribution to its locality. Many answers to these concerns are often found in more established architecture, particularly vernacular building types, which prove to be excellent catalysts in determining successful projects today.

Henning Stummel a saisi l'occasion qui lui avait été offerte par un client londonien pour montrer ce qu'il pouvait faire d'un petit espace de trois niveaux. Alba Place est une ruelle victorienne près du célèbre marché de Portobello Road à Londres. Le client a mis l'architecte au défi de moderniser complètement une maison de venelle, qui était en état d'abandon depuis des années. L'architecte a relevé le défi en reconfigurant et reconstruisant complètement l'intérieur comme une insertion de bois. Un plan d'étage rudimentaire en forme de rectangle a été, de façon inattendue, percé d'un vide pleine hauteur pour apporter lumière et modernité à l'espace. La firme d'architectes s'applique à intégrer des structures nouvelles dans des sites historiques, ainsi qu'à s'assurer que les nouvelles constructions respectent l'environnement et apportent une contribution positive à leur voisinage. Les réponses à ces préoccupations sont souvent trouvées dans des formes d'architecture plus établis, particulièrement dans l'architecture typique d'une région, qui s'avèrent, de nos jours, être d'excellents catalyseurs pour déterminer la réussite d'un projet.

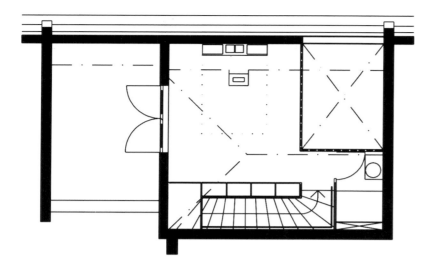

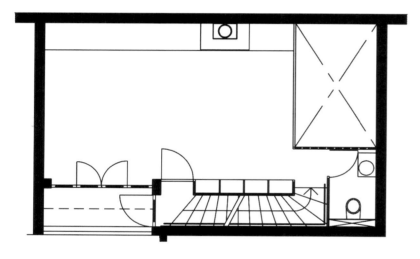

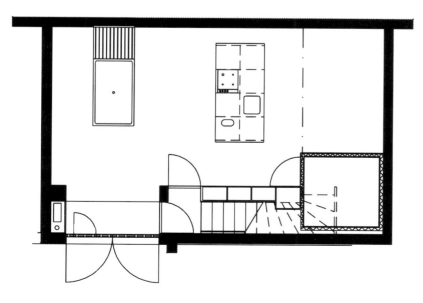

Apartment Near The Singel

Dick van Gameren architecten
Amsterdam, The Netherlands
Photography by Christian Richters

This apartment was designed in 2001 and completed in 2002. Located in a 17th-century warehouse, the 100-square-metre space had almost all of the partition walls removed. A volume containing the bathroom, kitchen, dining table and cupboards was placed in the middle of the empty space. Since this volume touches neither walls nor ceiling, daylight can reach far into the apartment. Part of one side of the bathroom, which is in the middle of the volume, is made of sanded glass to admit daylight as well. The outer wall of the volume consists mainly of storage space, with the kitchen facing the side wall. Sliding doors separate the bedroom from the rest of the apartment. These doors, as well as the dining table, are concealed in the walls of the volume.

Cet appartement a été conçu en 2001 et achevé en 2002. Situé dans un entrepôt datant du XVIIe siècle, cet espace de 100 mètres carrés s'est vu retirer pratiquement tous ses murs de séparation. Un volume contenant la salle de bain, la cuisine, une table haute et des placards a été placé au centre de l'espace vide. Comme ce volume ne touche ni les murs ni le plafond, la lumière du jour peut se propager très loin dans l'appartement. Une partie d'un côté de la salle de bain, qui occupe le milieu du volume, est fait de verre dépoli pour faire rentrer aussi la lumière du jour. La paroi extérieure du volume est principalement composée d'un espace de rangement, la cuisine faisant face à la paroi latérale. Des portes coulissantes séparent la chambre du reste de l'appartement. Ces portes, de même que la table haute, sont dissimulées dans les parois du volume.

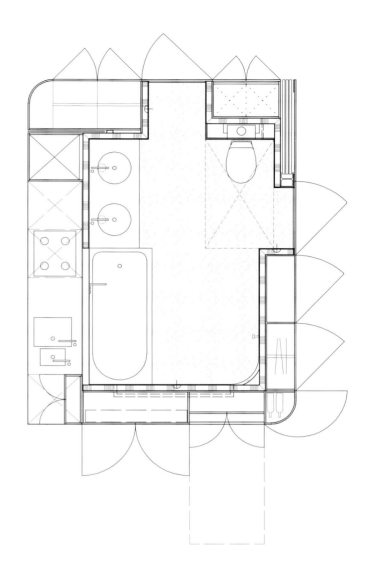

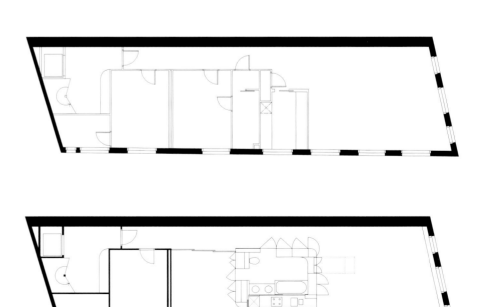

Appia Antica House

Labics Architettura
Rome, Italy

Photography by Luigi Filetici

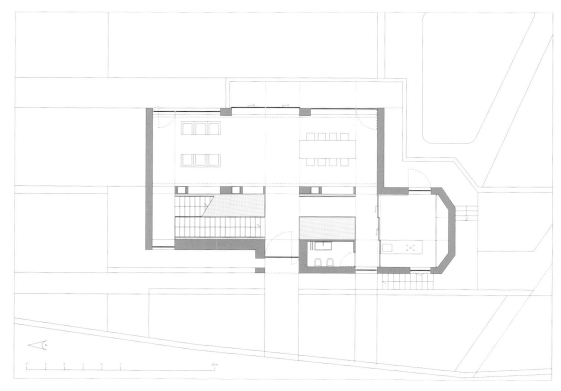

The architects were asked to remodel a building that had included extensions dating from the 1960s. Located in the Appia Antica Park just outside Rome, the structure was to serve as a couple's main residence and workplace. Completed in 2004, the project has a floor area of 530 square metres and cost €450,000. The architects imagined vertical axes running through the building to create service cores, 'distribution' spaces, the main quarters and an outdoor area. A horizontal sequence of floor levels differentiates sleeping, living and working zones, while a full-height vertical void marks the centre and serves as a spatial membrane for distribution and circulation. 'In this way', conclude the architects, 'it assumes an autonomous role as a space that exposes the intimacy of domesticity'.

On avait demandé aux architectes de remanier un bâtiment qui contenait des extensions datant des années 1960. Située dans le parc Appia Antica, juste en dehors de Rome, la structure devait servir de résidence principale et de lieu de travail à un couple. Achevé en 2004, le projet avait une surface au plancher de 530 mètres carrés et a coûté €450 000. Les architectes ont imaginé des axes verticaux passant au travers du bâtiment pour créer des noyaux de service, des espaces de « distribution », la résidence principale et une aire extérieure. Une séquence horizontale de niveaux de plancher différencie les aires réservées au sommeil, au séjour et au travail, alors qu'un vide vertical de pleine hauteur marque le centre et sert de membrane spatiale pour la distribution et la circulation. « De cette façon, concluent les architectes, il assume un rôle autonome en tant qu'espace qui expose l'intimité de la vie casanière ».

Artist's Studio

Daly Genik Architects
Silverlake, California, USA
Photography by Nic Lehoux

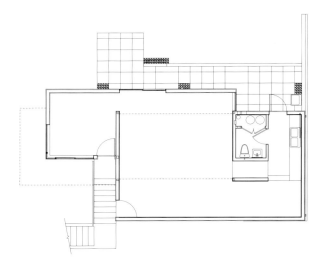

This is a painter's studio added behind a house that is located above the Silverlake Reservoir. Silverlake, located within 10 kilometres of the centre of Los Angeles is well known for its architectural heritage, with houses by Neutra, Schindler, Lautner, Wright, and others located there. Composed of three intersecting boxes, the studio provides a wide-open floor space for the artist to work on her paintings and collages, as well as large walls on which to hang the works as they dry. The artist preferred to have no direct light in this area. An office space in the front of the extension is covered by the same 1.5-metre clerestory skylight box that lights the studio area, providing ample illumination but no direct sun. A suspended shade system allows further modulation of the light as required. The exterior of the central core is clad in corrugated steel, while sustainable and recycled materials are used wherever possible. A tall door in the studio was created to allow artworks to be moved out with ease.

Il s'agit d'un studio de peintre ajouté derrière une maison qui est située au-dessus du réservoir de Silverlake. Silverlake, à 10 kilomètres du centre de Los Angeles, est connu pour son patrimoine architectural, comptant de nombreuses maisons créées par de grands architectes tels que Neutra, Schindler, Lautner et Wright. Composé de trois boîtes entrecroisées, le studio offre à l'artiste une vaste surface au sol pour travailler sur ses peintures et ses collages, ainsi que des grands murs pour y mettre ses œuvres à sécher. L'artiste préférait ne pas avoir de lumière directe. Un espace bureau à l'avant de l'extension est pourvu d'un lanterneau de 1,5 mètre identique à celui du studio, procurant assez d'éclairage sans toutefois laisser passer directement la lumière du soleil. Un système de formes suspendues permet une modulation supplémentaire de la lumière, le cas échéant. L'extérieur du noyau central est recouvert d'acier ondulé, et des matériaux durables ou recyclés ont été utilisés partout où c'était possible. Le studio a été pourvu d'une haute porte pour faciliter le déménagement des œuvres d'art.

Ashcroft Studio

Tighe Architecture
West Hollywood, California, USA
Photography by Art Gray

Despite being centrally located, and close to Cesar Pelli's Pacific Design Center, this writer's retreat is secluded from all of Los Angeles. The existing building was renovated and a new two-storey extension was added in 2003. The form and massing of the 232-square-metre workplace and residence makes reference to the Pelli monoliths. The double-height volume and loft taper in to create a forced perspective out towards the adjacent gardens. North light filters in through the clerestory window above and washes the cascading planes of the interior ceiling-scape. The folded roof descends towards and opens up at the street, strengthening the connection between the building and those passing by.

Malgré sa situation centrale et la proximité du *Pacific Design Center* de Cesar Pelli, cette maison d'écrivain est isolée du reste de Los Angeles. Elle a été rénovée et une extension sur deux niveaux y a été ajoutée en 2003. La forme et la volumétrie de cette résidence/lieu de travail de 232 mètres carrés fait référence aux monolithes de Pelli. Le volume à double hauteur et le grenier se fusèlent pour créer une perspective forcée vers les jardins adjacents. La lumière du nord s'infiltre par le lanterneau et inonde les plans en cascade des plafonds de l'intérieur. Le toit replié descend et s'ouvre sur la rue, renforçant le rapport entre la construction et le passant.

Banks House

Sean Cooney
Melbourne, Victoria, Australia
Photography by Sharon McIlduff, Josh Robenstone, Sean Cooney

Completed in October 2003, this job involved creating a new 25-square-metre space, a deck of the same size and renovating a further 50 square metres. The original massive Victorian house is occupied by a young family of four. A rationalisation of the existing living/dining area, and the renovation of a bathroom were included in the brief, while the new space was intended for a kitchen strongly connected to the living spaces. Further, as the architect explains, 'It was important that the new construction sympathetically addressed the existing Victorian structure in a contemporary way without mimicking that period style'. Built out of limestone blocks, galvanised steel and timber, the extension's style is clearly different from the original house, but aims to connect to it in a coherent and intelligent way. Cooney concludes, 'This project provides a balance between the sensible use of existing infrastructure and optimising the internal aspects of the site. The design employs simple construction systems and building materials to achieve a contemporary conclusion that through the detailing of material textures, creates a sense of warmth and place'.

Achevé en octobre 2003, ce projet avait trait à la création d'un nouvel espace de 25 mètres carrés et d'une terrasse extérieure de la même superficie et à la rénovation d'une surface de 50 mètres carrés. La massive maison victorienne est occupée par une jeune famille composée de quatre membres. Le programme des travaux comprenait également la rationalisation de l'espace séjour/salle à manger et la rénovation d'une salle de bain, et le nouvel espace était destiné à contenir une cuisine reliée directement aux espaces de séjour. De plus, comme l'explique l'architecte : « Il était important que la nouvelle construction soit en harmonie avec la structure victorienne d'origine, mais dans un style contemporain ne se contentant pas d'imiter celui de cette période ». Le style de l'extension, construite en blocs de calcaire, acier galvanisée et bois, est nettement différent de celui de la maison originale, mais a pour but de s'y rattacher de façon cohérente et intelligente. Cooney conclut : « Ce projet procure un équilibre entre une utilisation rationnelle de l'infrastructure existante et l'optimisation des aspects internes du site. On a utilisé des systèmes et des matériaux de construction simples pour créer une sensation de chaleur et d'appartenance par le biais d'une présentation détaillée des textures matérielles ».

(Barn)

Devanthèry Lamunière
Evolène, Switzerland

Photography by Fausto Pluchinot

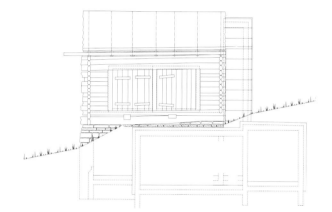

Near the beautiful old town of Evolène in the Val d'Hérens (Valais) region, this former barn and stable are in a high mountain pasture with a view of the Dent Blanche mountain. Designed in 2002 and completed in 2004, the project specifically addresses the danger of avalanches on the site. The stone-walled stable and timber barn were combined in a precise 4 x 5 x 3-metre configuration. Carefully dismantled, the structures were rebuilt behind a solid protective concrete wall whose presence is affirmed rather than hidden. A stone roof, typical of local architecture, was added. A kitchen and bathroom were added to living space in the structures that were not originally intended for more than short-term occupation. The architect Inès Lamunière made this project a cornerstone of a book she published in Lausanne entitled *Habiter la Menace* (Inhabiting Danger), describing the architectural responses to physically dangerous environments.

Tout près de la très jolie vielle village d'Evolène, dans la région du Val d'Hérens (Valais), cette ancienne grange-écurie est située dans un pâturage de haute montagne, avec vue sur le mont Dent Blanche. Conçu en 2002 et achevé en 2004, le projet s'est particulièrement penché sur les dangers d'avalanche menaçant le site. L'écurie aux murs de pierres et la grange en bois ont été combinées en une configuration précise de 4 x 5 x 3 mètres. Les structures ont été soigneusement démantelées puis reconstruites derrière un solide mur de protection en béton, dont la présence est affirmée plutôt que dissimulée. Un toit de pierres, typique de l'architecture locale, a été ajouté à l'ensemble. Une cuisine et une salle de bain ont été ajoutées à l'espace de séjour dans les structures qui n'étaient initialement destinées que pour une occupation à court terme. L'architecte Inès Lamunière a fait de ce projet la pièce maîtresse d'un livre qu'elle a publié à Lausanne sur le sujet « Habiter la menace », qui décrit les parades architecturales aux environnements présentant des dangers physiques.

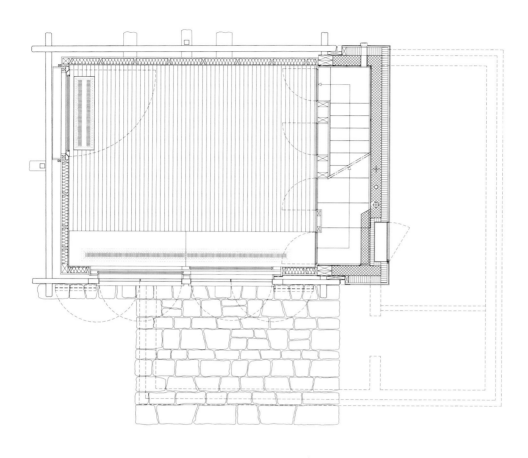

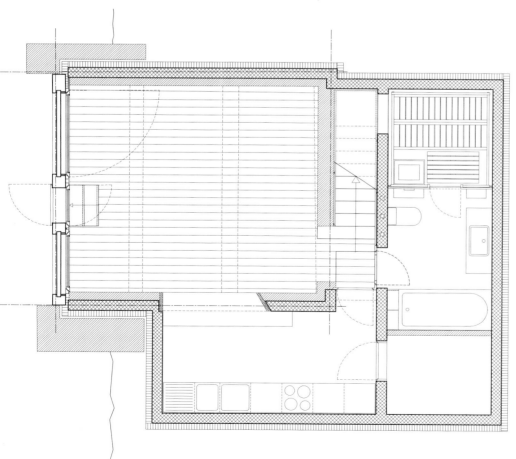

Beverley House

Daly Genik Architects
Santa Monica, California, USA
Photography by Joshua White, Tim Street-Porter

This house was transformed from an existing 102-square-metre bungalow into an expanded 279-square-metre residence for a growing family. Located in the Ocean Park section of Santa Monica, the site has a dramatic view of the Pacific Ocean. The renovated bungalow now forms the main living area, including a master bedroom and study. The extension was largely excavated beneath the original building and includes an ocean-view terrace. The walls were left intact and a new roof was suspended over the house, with light entering through interior clerestories. In using alternating planes of solid and translucent materials, the architects hoped to evoke the Ocean Park paintings of artist Richard Diebenkorn. Honeycomb aluminium sliding doors provide privacy while allowing light to filter through, and custom-made maple cabinets, maple floors on the upper level and a main stair formed of coloured cast concrete give touches of warmth to the interior. The large, cast concrete elements that form the downstairs area continue from the garden into the house. Kitchen, study and dining room, all connected with the terrace, are located on this floor.

Cette maison est le résultat de la transformation d'un bungalow de 102 mètres carrés en une résidence de 279 mètres carrés destinée à une famille en pleine croissance. Situé dans le quartier Ocean Park de Santa Monica, le site offre une vue magnifique sur l'océan Pacifique. Le bungalow rénové héberge maintenant l'aire de séjour principale, y compris une grande chambre à coucher et un cabinet de travail. L'extension a été, en grande partie, creusée en dessous du bâtiment d'origine et comprend une terrasse donnant sur l'océan. On n'a pas touché aux murs, mais on a doté la maison d'un nouveau toit permettant à la lumière du jour d'entrer par des lanterneaux. Par l'alternance de plans solides et de plans translucides, les architectes ont voulu évoquer les peintures de Ocean Park de l'artiste Richard Diebenkorn. Des portes coulissantes alvéolaires en aluminium préservent la vie privée tout en permettant à la lumière de pénétrer à l'intérieur; des meubles de rangement en érable faits sur mesure, des planchers en érable à l'étage supérieur et un escalier principal en béton coulé coloré donnent des notes de chaleur à tout l'intérieur. Les grands éléments en béton coulé qui forment le niveau inférieur se poursuivent du jardin jusqu'à l'intérieur de la maison. La cuisine, le cabinet de travail et la salle à manger, ayant tous accès à la terrasse, sont situé sur ce niveau.

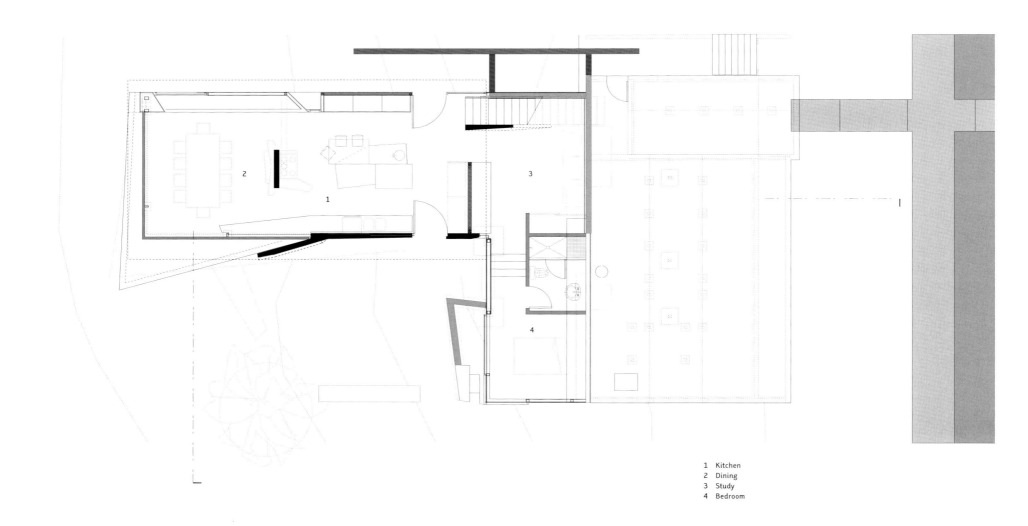

1 Kitchen
2 Dining
3 Study
4 Bedroom

Black Box

Tighe Architecture
Santa Monica, California, USA
Photography by Art Gray

This US$19,500 project involved a 4.27-cubic-metre extension to an existing house. Patrick Tighe writes, 'The black box is built in the Scandinavian tradition of an earthy palette of natural materials. The building envelope is made up of vertical wood siding mounted over asphalt roofing shingles. The wood siding is protected with a burnt tar, sooty stain. The dark and brooding exterior stands in contrast to the blonde interior. The interior surfaces are a series of horizontal bands of wood applications, and the shifting horizontal zones define the penetrations of the building and accommodate the built-in amenities'. Recycled wood was used for the exterior cladding and deck and perforated steel screens give a certain degree of privacy.

Ce projet de US$19 500 consistait à adjoindre une extension de 4,27 mètres cubes à une maison existante. Patrick Tighe écrit : « La boîte noire est construite dans la tradition scandinave d'une palette terreuse de matériaux naturels. L'enveloppe de la construction est faite d'éléments de parement en bois verticaux montés sur des bardeaux de toiture goudronnés. Le parement de bois est protégé par une teinture de couleur suie. L'extérieur sombre et maussade contraste avec l'intérieur blond. Les surfaces intérieures sont une série de bandes horizontales en bois, et les zones horizontales de déplacement délimitent les pénétrations de la construction et contiennent les aménagements encastrés ». Du bois recyclé a été utilisé pour le bardage extérieur et la terrasse, et des écrans d'acier perforés procurent un certain degré de vie privée.

Boles House Renovation

Boora Architects
Portland, Oregon, USA
Photography by Aaron Hewitt, Boora Architects

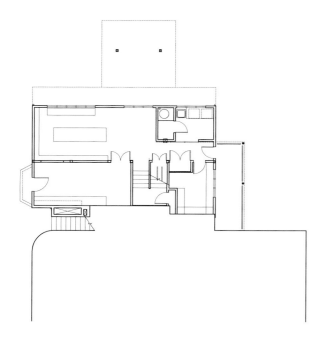

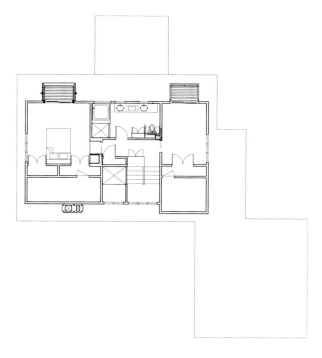

This renovation was carried out on a 196-square-metre, two-bedroom house built in 1971. Despite a rational floor plan, and the use of good materials such as cedar siding and hemlock for the main floors, the house was dark and introverted. As the architects describe their work, 'This renovation intended to make the interior spaces feel bigger, lighter, more continuous, and more spacious, simultaneously allowing greater visual continuity between the indoor and outdoor spaces. This was achieved by increasing the height of windows and window walls, bringing glass all the way to the floor where possible'. A wall between the dining room and the kitchen was removed, and the kitchen was expanded by almost a metre. Wall-to-wall carpet was replaced with Western maple flooring, and granite countertops were used instead of Formica in the kitchen. A previously unfinished lower level was converted into a laundry room, tool room, wine cellar and studio with new windows added to bring light into the space. The exterior of the house was painted dark brown, a colour drawn directly from the tonality of the site.

Cette rénovation a été effectuée sur une maison de 196 mètres carrés avec deux chambres à coucher construite en 1971. En dépit d'un plan d'étage rationnel et de l'utilisation de matériaux de choix, tels que des bardages en cèdre et du sapin du Canada pour les planchers principaux, la maison était sombre et repliée sur elle-même. Le but de la rénovation était de donner de l'amplitude et de la clarté aux espaces intérieurs, et de les rendre plus continus et spacieux, tout en créant une continuité visuelle plus grande entre l'intérieur et l'extérieur. Ces effets ont été obtenus en augmentant la hauteur des fenêtres et des murs de fenêtre, faisant descendre les vitres jusqu'au sol quand cela s'avérait possible. Un mur séparant la salle à manger de la cuisine a été enlevé, et la cuisine a été agrandie de près d'un mètre. La moquette a été remplacée par du plancher en érable de l'ouest, et le granite a remplacé le formica pour les surfaces fonctionnelles de la cuisine. Un étage inférieur non terminé a été converti et comprend maintenant une buanderie, une salle d'outillage, une cave à vin et un studio auquel on a ajouté de nouvelles fenêtres pour faire entrer la lumière naturelle. L'extérieur de la maison a été peint en brun foncé, une couleur empruntée directement à la tonalité du site.

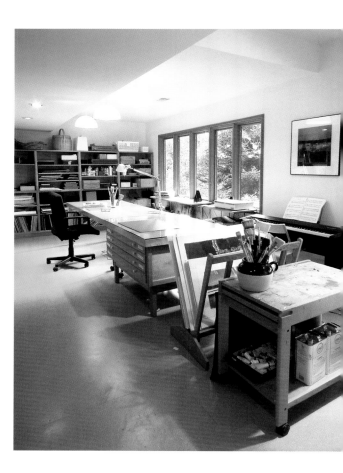

Bonnin House

The Bonnin House is located in one of Bavaria's most famous historic cities. Andreas Hild explains: 'Eichstätt has a tradition of modern building in historic situations because of a prominent local figure, Karl Josef Schattner. We decided that the project would be an invisible implant in a historic environment, a kind of glowing lantern on a small house. We added one room to the roof of the 18th-century house to enlarge the capacity of the residence for a young family. The extension is a steel-frame structure, placed on the old house in one piece. The exterior is covered by a an outer skin made of perforated metal, resulting in a homogenous surface close to the grey plaster surface of the existing house – thus camouflaging the extension in its historic setting'.

La maison Bonnin est située dans l'une des plus célèbres villes historiques de Bavière. Andreas Hild explique : « Eichstätt a une tradition de construction moderne dans un contexte historique à cause de Karl Josef Schattner, une personnalité locale influente. Nous avons décidé que le projet serait un implant invisible dans un environnement historique, une sorte de lanterne luisante accrochée à une petite maison. Nous avons ajouté une pièce au toit de cette maison du XVIIIe siècle pour agrandir la capacité de résidence d'une jeune famille. L'extension se présente sous la forme d'une structure à charpente d'acier placée sur la vieille maison en un seul bloc. L'extérieur est recouvert d'une enveloppe faite de métal perforé, produisant une surface homogène proche du renformis gris de la maison – camouflant ainsi l'extension dans son cadre historique ».

Bronte Extension

Chris Elliott Architects
Sydney, New South Wales, Australia
Photography by Richard Glover

This daring extension opens the glazed walls of its living space towards the garden. A linear element houses services and defines the eastern edge of the living/garden space. Most visibly, a corrugated steel block set up on three thin steel posts appears to hang over the living room and the pool. A small courtyard replacing an earlier space of the same nature separates the new parts of the house from the old and can be used as an outdoor extension of the kitchen. Chris Elliott writes, 'A glass bridge connects the bedroom suite to an attic play-and-work area carved out of the original roof, returning the visitor to the old and completing the journey through the house. A composition of contemporary forms maximises the space available for living and bathing, both physically and visually'.

Cette audacieuse extension ouvre les murs vitrés de son espace de séjour sur le jardin. Un élément linéaire contient l'équipement technique et délimite la bordure est de l'espace séjour/jardin. Attirant encore plus la vue, un bloc de tôle d'acier ondulée, reposant sur trois minces poteaux d'acier, est suspendu au-dessus de la salle de séjour et de la piscine. Une petite cour, remplaçant l'espace de même nature qui existait précédemment, sépare les nouvelles parties de la maison des anciennes, et peut être utilisée comme extension extérieure de la cuisine. Chris Elliott écrit : « Un pont de verre relie la chambre à coucher à un espace de jeu et de travail aménagé sous le toit, où le visiteur termine son parcours à travers la maison et retourne à l'ancien. Une composition de formes contemporaines maximise, physiquement et visuellement, l'espace disponible pour le séjour et la baignade ».

Capitol Hill House

Blip Design
Seattle, Washington, USA
Photography by Michael Moore

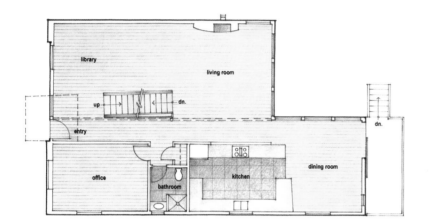

A penthouse and new roof terrace were added to an existing house that was extensively remodelled. The penthouse acts as a light box by bringing natural light in, and as a 'solar chimney' that draws cool air into the house in summer and permits warm air to exit. The penthouse also supports a steel framework carrying photovoltaic modules. Along with a number of energy-saving strategies used in the design, the photovoltaic arrays can provide a good portion of the owners' needs. The electric system of the house turns off lights in areas where there are no occupants, while a security and monitoring system is similarly sensitive to actual use and presence. Even the decision to remodel the existing house rather than demolishing and rebuilding it was made for environmental reasons. According to the architects, 'This minimised the impact to the site, and the amount of energy and waste produced in demolition'. The contractor recycled scrap steel and copper produced by the work.

Un appartement-terrasse et une nouvelle terrasse sur le toit ont été ajoutés à une maison qui a fait l'objet d'une rénovation de grande ampleur. L'appartement terrasse fait office de boîte à lumière, en faisant entrer la lumière naturelle, et de « cheminée solaire » qui aspire de l'air frais dans la maison en été et expulse l'air chaud. L'appartement-terrasse sert également de support à une structure en acier portant des modules photovoltaïques. Partie intégrante des stratégies destinées à économiser l'énergie dans l'ensemble de la maison, les générateurs photovoltaïques peuvent produire une bonne portion des besoins en énergie des propriétaires. Le système électrique de la maison éteint automatiquement les lumières dans les endroits où il n'y a personne, et un système de sécurité et de contrôle détecte de façon similaire toute utilisation et toute présence. Même la décision de rénover la maison existante plutôt que de la démolir a été prise pour des raisons écologiques. D'après les architectes : « Ceci a minimisé l'impact sur le site et la quantité d'énergie et de déchets qu'aurait engendrés une démolition ». L'entrepreneur a recyclé les déchets d'acier et de cuivre résultant des travaux.

Clerkenwell Road

Boyarsky Murphy Architects
London, UK

Renderings courtesy Boyarsky Murphy

 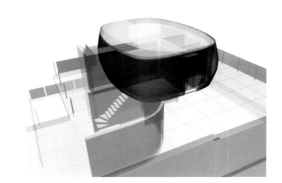 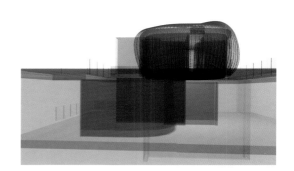

Boyarsky Murphy has been involved with projects of various scales and types. In this project, the reorganisation of the top floors of a former industrial building in London's Clerkenwell area involves both renovation and an extension. The architects' aim is to build a new pod on the existing roof. Known as the 'Cloud', the pod will be clad in black rubber with a stainless steel mesh skin. This new extrusion will house a master bedroom and a bathroom with a green area surrounding it. The lower level will also be reorganised into a flowing living area with curved walls and screens intended to focus visitors through a series of internal vistas. Despite the futuristic appearance of the pod, the architects succeed in creating a new continuity between the existing industrial-style architecture and their addition.

Boyarsky Murphy a participé à des projets de diverses magnitudes et de toutes sortes. Dans ce projet de rénovation des étages supérieurs d'un ancien bâtiment industriel du quartier Clerkenwell de Londres, il est question de rénover et de construire une extension. Le but des architectes est de construire une nouvelle capsule sur le toit actuel. Appelée le « Nuage », la capsule sera recouverte de caoutchouc noir enveloppé d'un treillis en acier inoxydable. Cette nouvelle éminence abritera une chambre à coucher et une salle de bain entourée d'un espace vert. Le niveau inférieur sera également réorganisé pour créer un espace habitable fluide avec des murs et des écrans courbés destinés à attirer l'attention du visiteur sur une série de vues intérieures. Malgré l'apparence futuriste de la capsule, les architectes réussissent à créer une continuité entre l'architecture actuelle de style industriel et leur adjonction.

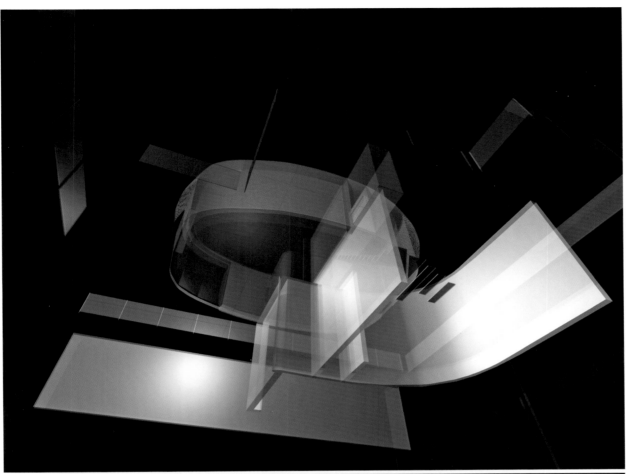

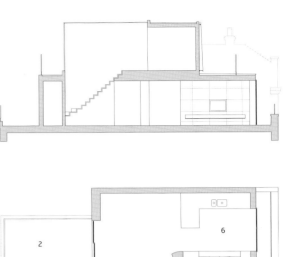

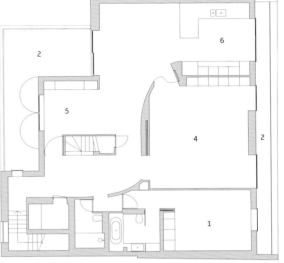

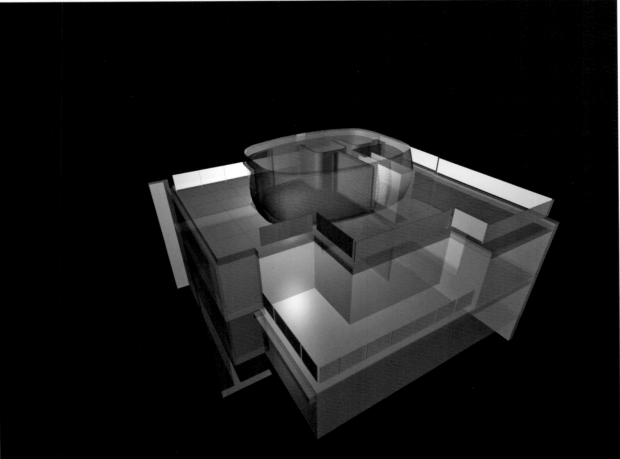

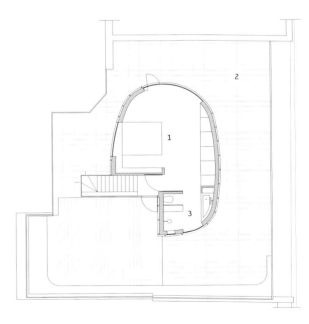

1 Bedroom
2 Terrace
3 Bathroom
4 Living
5 Study
6 Kitchen

Clifton Hill House

Adam Dettrick Architect
Melbourne, Victoria, Australia

Photography by Derek Swalwell

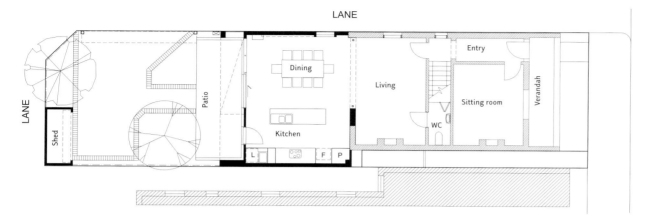

Adam Dettrick created a single-storey extension containing a kitchen, dining room and laundry space at the rear of a two-storey terrace house. A new roof was added, raised and rotated to the north to invite in the winter sun. The new kitchen and dining area opens into the existing living room and from these spaces, into the garden. The architect writes, 'The project seeks to find its own position within the tradition of yet another backyard lean-to extension. It gains support from the existing building, in keeping with this tradition, but departs from the tradition by rotating the pitch 90 degrees to address the north'. Special attention was paid to the solar access of the neighbour to the south, despite the way in which the roof of the extension was raised. Dettrick concludes, 'The project uses form, materials and detail to address the public nature of its back-lane position and its visibility from nearby streets. The polychrome, bi-directional Colorbond cladding is drawn from and speaks to the laneway world it inhabits'.

Adam Dettrick a créé une extension de plain-pied contenant une cuisine, une salle à manger et une buanderie à l'arrière d'une maison mitoyenne d'un étage. Un nouveau toit a été ajouté, surélevé et tourné vers le nord pour faire entrer le soleil d'hiver. Le nouvel espace cuisine/salle à manger s'ouvre sur la salle de séjour existante et, de là, sur le jardin. L'architecte écrit : « Le projet essaie à trouver sa propre position dans la tradition d'un appentis d'arrière-cour. Il s'appuie sur la maison existante, comme le veut la tradition, mais s'en éloigne en faisant pivoter la pente du toit de 90 degrés pour faire face au nord ». On a fait particulièrement attention à l'accès solaire du voisin au sud, en dépit de la façon dont le toit de l'extension avait été surélevé. Dettrick conclut : « Le projet utilise formes, matériaux et détails pour s'employer à résoudre les problèmes posés par la nature publique de sa position dans une allée retirée et de sa visibilité des rues avoisinantes. Le parement polychrome en Colorbond bidirectionnel parle au monde des allées qu'il habite ».

Collins Gallery and Residence

Tighe Architecture
West Hollywood, California, USA
Photography by Art Gray

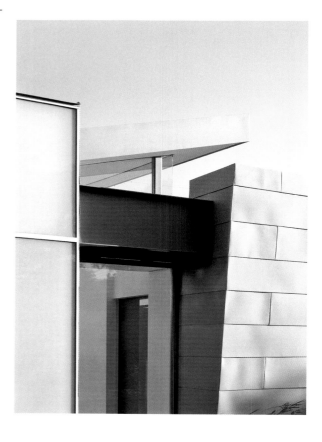

This renovation and addition to an existing building was carried out in 2002. Tighe writes, 'The project combines the public function of an art gallery with the domestic components of a house. The challenge was to create a spacious gallery within a relatively small building envelope. The existing site condition consisted of a 130-square-metre residence on a 372-square-metre lot. The existing structure was of substandard construction and had no architectural significance. City regulations required that the area and footprint of the existing structure be maintained and that a minimum of 50 percent of the existing walls remain intact. The solution was a scale-appropriate response that was in keeping with the neighbouring buildings'. An added diagonal load-bearing wall bisects the building, creating two distinct zones. The roof was raised in the gallery area to allow in light. The residence has two bedrooms, two bathrooms and a kitchen accessed from the gallery, with sliding partitions between the spaces, and the existing garage was converted into an office for the art dealer.

Ces travaux de rénovation et d'extension d'un bâtiment existant se sont déroulés en 2002. Tighe écrit : « Le projet associe le rôle public d'une galerie d'art aux éléments constitutifs d'un espace d'habitation. La gageure était de créer une galerie spacieuse à l'intérieur d'une enveloppe de construction relativement petite. Le site consistait en une résidence de 130 mètres carrés sise sur un terrain de 372 mètres carrés. La structure existante était de qualité médiocre et n'avait aucune valeur architecturale. La réglementation urbaine exigeait que la superficie et l'empreinte au sol de la structure soient préservées et qu'au moins 50 pour cent des murs existants restent intacts. La solution a été une réponse d'une ampleur appropriée, en rapport avec les constructions environnantes ». Un mur porteur diagonal a été ajouté pour diviser le bâtiment en deux zones distinctes. Le toit a été surélevé au-dessus de la galerie pour y faire entrer plus de lumière. La résidence comporte deux chambres, deux salles de bains et une cuisine, séparée de la galerie par des cloisons coulissantes, et le garage a été converti en bureau de travail pour le marchand d'œuvres d'art.

Dalvey Estate House

SCDA
Singapore

Photography by Peter Chua

This was a single-storey detached bungalow in the style of the 'Black-and-White' houses built in the early 20th century, for occupation by senior British civil servants and Army officers assigned to Singapore. As the architect comments, 'The houses are a curious mixture of the English Tudor cottage and the Malay house raised on stilts, intended to give the expatriate officer the familiarity of home in England'. Due to the rapid modernisation of Singapore, few of these buildings remain. The client wished to restore the house and to make it suitable for modern living. The architects removed a number of superfluous internal partitions, excavated a full-height basement, and added a single-storey extension, incorporating a carport and kitchen. Care was taken to carefully restore the original house and to avoid having the modern vocabulary of the extension overwhelm it. One peculiarity of the original house is a 70-millimetre difference in floor levels from front to rear. In order to avoid undue stress on the structure, it was decided not to correct this 'idiosyncrasy'.

Il s'agissait d'un bungalow individuel dans le style des maisons « noires et blanches » construites au début du XXe siècle pour les fonctionnaires de haut rang et les officiers britanniques postés à Singapour. L'architecte explique :
« Les maisons représentent un curieux croisement entre le cottage anglais des Tudor et la maison malaise sur pilotis destiné à donner à l'officier expatrié l'aspect familier d'une maison en Angleterre ». A cause de la rapide modernisation de Singapour, il reste très peu de bâtiments de ce type. Le client voulait restaurer la maison pour l'adapter à la vie moderne. Les architectes on démoli un certain nombre de cloisons superflues, creusé un sous-sol de pleine hauteur et ajouté une extension à un niveau incorporant un abri de voiture et une cuisine. La maison d'origine a été restaurée avec soin, et toutes les précautions ont été prises pour éviter que l'extension ne la submerge. Une de particularités de cette demeure était une différence de 70 millimètres entre le plancher de l'avant et celui de l'arrière. Pour éviter une contrainte excessive sur la structure, il a été décidé de ne pas rectifier cette « idiosyncrasie ».

Daniel Bosser Apartment

Jakob + MacFarlane
Paris, France

Photography by Nicolas Borel

In this late-19th-century building located on the Boulevard Richard Lenoir, near the Bastille Square in Paris, the architects have succeeded in creating a truly modern project in the context of notoriously complex, Haussmann-period interiors. The client, a well-known collector of contemporary art who also uses his apartment as a gallery, gave the architects his full trust to create the wall space, a 30-metre-long surface that runs from the street to the courtyard side of the space. The rather complex nature of the 170-square-metre apartment allows the contemporary art to stand out. 'The architecture is neutral and simple, enhancing the strength of the displayed artworks. Natural and artificial lights were carefully studied to let them enter the apartment in an appropriate manner', say the architects.

Dans ce bâtiment de la fin du XIXe siècle situé sur le boulevard Richard Lenoir, près de la place de la Bastille à Paris, les architectes ont réussi à créer un projet véritablement moderne dans le contexte des intérieurs, notoirement complexes, de l'époque haussmannienne. Le client, un collectionneur d'art contemporain bien connu qui utilise son appartement comme galerie, avait donné carte blanche aux architectes pour créer l'espace mural, une surface de 30 mètres de longueur allant du côté rue au côté cour. La nature assez complexe de cet appartement de 170 mètres carrés est idéale pour faire ressortir l'art contemporain. « L'architecture est neutre et simple, ce qui accentue la force des œuvres exposées. Une attention toute particulière a été donnée aux lumières naturelles et artificielles, afin qu'elles entrent dans l'appartement de façon appropriée », ont dit les architectes.

Denicolà House

Baserga Mozzetti
Arbedo, Switzerland

Photography by Francesco Bardelli

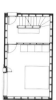

Completed in 2001, this project involved the extension of an existing 1970's house located in Arbedo, near the north highway exit of Bellinzona in the Ticino area. The idea of the extension was to create a stronger relationship between the house and the landscape around it. The development of the house towards the upper levels was carried out with a careful analysis of the available views of the surrounding countryside. Large openings characterise the new volume, which is built entirely of prefabricated wood elements and set on a cement base that will also contain a swimming pool, oriented towards the south. The emphasis on windows echoes Louis Kahn's Norman Fisher House (Philadelphia, Pennsylvania, 1960).

Achevé en 2001, ce projet concernait l'extension d'une maison des années 1970 située à Arbedo, près de la sortie nord de l'autoroute à Bellinzona dans le canton du Tessin. L'idée de l'extension était de créer un rapport plus fort entre la maison et le paysage environnant. Les travaux d'aménagement des niveaux supérieurs ont été réalisés en analysant soigneusement les vues possibles sur la campagne environnante. De grandes ouvertures caractérisent le nouveau volume, construit entièrement d'éléments préfabriqués en bois reposant sur une base de ciment, qui contiendra également la piscine, orientée vers le sud. La place importance donnée aux fenêtres rappelle la Maison Fisher de Louis Kahn (Philadelphie, Pennsylvanie, 1960).

De Wolzak Extension

SeARCH
Zutphen, The Netherlands
Photography by Christian Richters

The architect Bjarne Mastenbroek renovated and added to an existing farmhouse and outbuildings in the province of Gelderland. The client envisaged the demolition of the T-shaped farmhouse and the construction of a new extension, and thought that workspaces and guestrooms might be located in an adjacent barn. The architect, however, decided to house the entire program in the existing farmhouse, while replacing an existing barn with a similarly shaped new structure made with prefabricated, load-bearing wooden panels. The roof and other exterior surfaces are covered with a continuous skin of vertical timber laths. This extension contains the entrance, kitchen, workspace and garden shed, while the existing barn (where the guest bedrooms are located) did not undergo conversion. Bjarne Mastenbroek is known for working in decidedly more modern environments but in this instance, he has been sensitive to the emerging interest in farm architecture.

L'architecte Bjarne Mastenbroek a rénové une ferme et ses dépendances de la province de Gelderland, et y a ajouté une extension. Le client avait envisagé la démolition de la ferme en forme de T et la construction d'une nouvelle extension, et avait prévu de situer les espaces de travail et les chambres d'amis dans une grange adjacente. Cependant, l'architecte a décidé de loger l'ensemble du programme dans la ferme existante et de remplacer une grange par une nouvelle structure de forme similaire faite de panneaux porteurs préfabriqués en bois. Le toit et les autres surfaces extérieures sont recouverts d'une enveloppe continue de latte verticales en bois. Cette extension contient l'entrée, la cuisine, un espace de travail et une remise de jardin, et la grange existante (où se trouvent les chambres d'amis) n'a pas subi de conversion. Bjarne Mastenbroek est connu pour son travail dans des environnements incontestablement modernes mais, dans le cas présent, il s'est montré réceptif à cet intérêt nouveau pour l'architecture de ferme.

East 85th Street Townhouse

Alexander Gorlin Architects
New York, New York, USA
Photography by Peter Aaron

Originally built in 1958, this two-story structure had fallen into disrepair, and was completely redesigned, extended and partially restored. A floor was added to the townhouse, extending the façade vertically while respecting the original design. The interior was entirely gutted, except for some of the finishes on the main floor, including a stair that was reconstructed and brought up to the new third-floor level. The architect added a new glass façade to the house and a loft space for living, dining, and the kitchen, which are open to the exterior with large glass walls on either side. A new staircase with open treads leads to the upper levels, within an atrium filled with light from the skylight above. The second level has two children's bedrooms and a master bedroom on the street side. The master bath, with walls and floors clad in white slab marble and glass, is open to the bedroom with a long line of pear wood closets leading from one space to the other. A media room was created at the top of the house along with a guest room and office.

Construite en 1958, cette structure de deux niveaux était délabrée. Elle a été complètement reconçue, prolongée et partiellement restaurée. Un étage y a été ajouté, prolongeant la façade verticalement tout en respectant l'architecture d'origine. L'intérieur a été entièrement rasé, à l'exception de certain éléments du niveau principal, y compris l'escalier qui a été reconstruit et prolongé jusqu'au nouveau troisième niveau. L'architecte a ajouté une nouvelle façade de verre et un espace sous le toit pour une salle de séjour, une salle à manger et une cuisine, qui sont ouvertes sur l'extérieur par de grandes baies vitrées de chaque côté. Une nouvelle cage d'escalier ouverte mène aux niveaux supérieurs, à l'intérieur d'un atrium recevant sa lumière de la verrière du toit. Le deuxième niveau comporte deux chambres d'enfants et une chambre principale côté rue. La salle de bains, dont les murs et le sol sont recouverts de marbre blanc et de verre, est reliée à la chambre principale par une longue rangée d'armoire en poirier. Une salle multimédia, une chambre d'amis et un bureau occupent maintenant le dernier niveau.

Ebeling House

ArchiFactory.de
Dortmund, Germany
Photography by Gernot Maul, Karin Hessmann, ArchiFactory.de

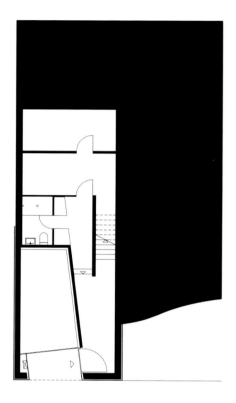

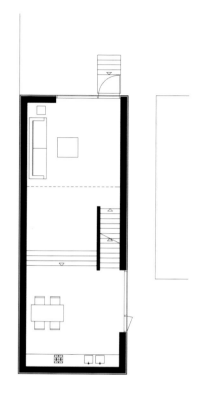

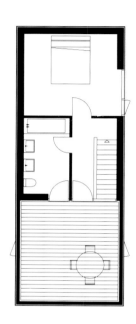

Named after the client, Sabine Ebeling, this 1940's house had a 145-square-metre apartment added to it on the street side. The cost of the construction was €217,000. ArchiFactory.de compares the addition to a sculptural moulded wood block. To accentuate the simplicity of the form, eaves, drains, a chimney and canopy were not part of the plan. The entrance to the house is subterranean and is located in the adjacent garage. Just as the minimalist, sculptural nature is emphasised on the exterior, the inside of the house has a continuous dark terrazzo floor and an open staircase 'fitted in like a sculpture'. As the architects further explain, 'Those entering the house at first are visually acquainted with its centre. In accordance with the client's request for maximum usability of the ground space, a typological hybrid was designed – between split levels and standard floors'. The ground and the gallery floors form a continuous unit with separate zones for living, dining, cooking and working, all connected to the living area that is more than two storeys high. A roof terrace with three wooden walls encourages a dialogue with the sky.

Un appartement de 145 mètres carrés a été ajouté, côté rue, à cette maison des années 1940 portant le nom du client, Sabine Ebeling, à un coût de €217 000. ArchiFactory.de compare cette adjonction à un bloc sculptural en bois moulé. Pour mettre en valeur la simplicité de la forme, le plan n'avait pas prévu d'avant-toit, de tuyau d'évacuation, de cheminée et d'auvent. On accède à la maison par un passage souterrain situé dans le garage adjacent. A l'instar de la nature minimaliste de l'extérieur, l'intérieur a un plancher continu de terrazzo sombre et une cage d'escalier ouverte « intégrée dans l'ensemble telle une sculpture ». Pour utiliser les propres explications des architectes : « Ceux entrant dans la maison ont une vision immédiate de son centre. Conformément aux vœux du client, qui voulait maximiser l'utilisation de la surface au sol, nous avons conçu une typologie hybride – entre demi-niveaux et étages normaux ». Le sol et les planchers de galerie forment un ensemble continu avec des zones distinctes pour le séjour, les repas, la cuisine et le travail, toutes reliées à la surface de séjour, qui fait plus de deux étages de hauteur. Une terrasse sur le toit, délimitée par une bordure de bois sur trois côtés, favorise le dialogue avec le ciel.

Elegant Shed

William Tozer architecture & design
London, UK

Photography courtesy William Tozer architecture & design

This is another rear extension and internal refurbishment to an existing terrace house. The title of the 50-square-metre project is derived from the architect's idea of drawing on the language of the garden shed, while 'extruding a small existing kitchen out into the garden'. Decking is used as both an external floor surface, and as cladding material, blurring the distinction between the garden and the building. The horizontal board cladding of the extension makes it stand out from the brick walls of the original house. The interior floor is finished in dark-stained pine timber, while the kitchen walls are white-painted plaster, with sand-blasted glass work surfaces.

Il s'agit d'une autre extension arrière à une maison-terrasse et de la rénovation intérieure de cette dernière. Le titre de ce projet de 50 mètres carrés provient de l'idée de l'architecte, qui s'est inspiré du terme cabane de jardin en « reformant une petite cuisine pour la faire déborder dans le jardin ». Du platelage est utilisé comme surface de plancher extérieure et comme matériau de parement, estompant la distinction entre le jardin et la construction. Le parement en planches horizontales de l'extension démarque cette dernière des murs en briques de la maison d'origine. Le plancher intérieur est recouvert de pin teinté foncé, et la cuisine a des murs recouverts de plâtre peint en blanc et des plans de travail en verre dépoli.

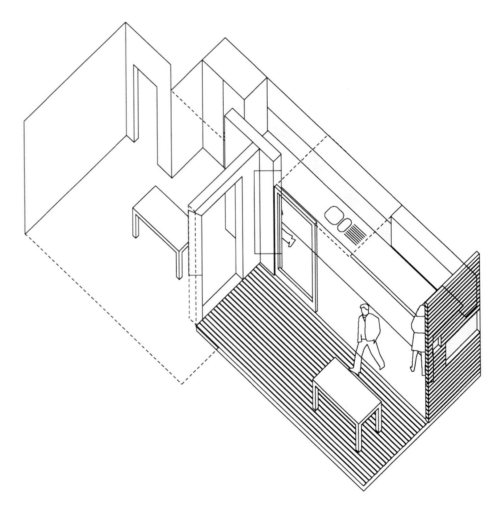

Facchinetti House

Baserga Mozzetti
Gordola, Switzerland

Photography by Francesco Bardelli

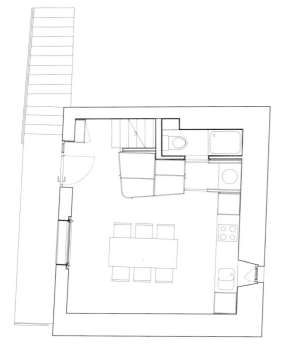

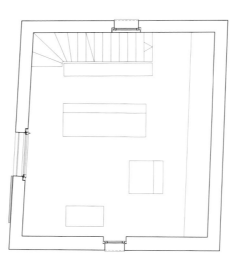

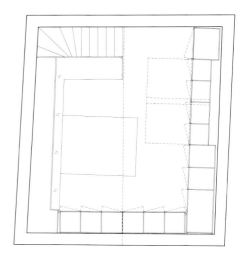

This project was carried out between 2001 and 2002 on a house that had formerly been a stable in the old part of the town of Gordola about 5 kilometres from the centre of Locarno. The original structure was built out of stone, while later additions had brick and plaster walls. The architects aimed to give the upper level a more unified appearance, while retaining the natural stone base, emphasising the differentiation between the upper and lower parts of the building. The architects view the difference between the two areas as a wilful juxtaposition and integration of the old with the new. The rebuilt interior forms a small triplex, where a 'spatial generosity' has been actively sought, within the limits imposed by a 4.8 x 5.5-metre floor plan. Rather than dividing the space with walls, Baserga Mozzetti designed custom-built furniture for this purpose, which encourages the owner to stay within the overall aesthetic outlines created by the architects.

Ce projet a été réalisé au cours des années 2001 et 2002 sur une maison qui était autrefois une étable dans le vieux quartier de la village de Gordola, située à environ 5 kilomètres du centre de Locarno. La structure originale avait été construite en pierre, des murs en brique et en plâtre ayant été ajoutés par la suite. Le but des architectes était de donner au niveau supérieur une apparence plus unie, tout en préservant la base en pierres naturelles et en faisant ressortir la différence entre la partie supérieure et la partie inférieur du bâtiment. Pour les architectes, cette différence entre les deux parties représente la juxtaposition et l'intégration de l'ancien avec le nouveau. L'intérieur reconstruit forme un petit triplex, où une « générosité spatiale » a été activement recherchée dans les limites imposées par un plan d'étage de 4,8 m x 5,5 m. Plutôt que de diviser l'espace par des murs, Baserga Mozzetti a créé des meubles sur mesure destinés à cet effet, ce qui encourage le propriétaire à rester à l'intérieur des contours esthétiques établis par les architectes.

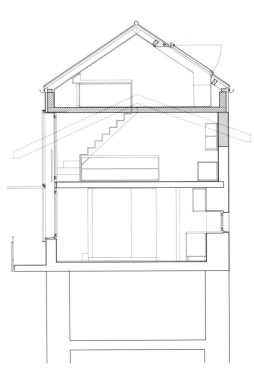

Fineman Bowman Residence

Lorcan O'Herlihy Architects
Brentwood, California, USA

Photography by Michael Weschler

Originally a Californian-style ranch house, this 186-square-metre residence underwent a US$600,000 extension and renovation. Located on a sloped site with 18-metre-high eucalyptus trees, the addition is connected to the original house via a glass-walled bridge. According to the architects, 'Through the use of expansive glass panes, carved out open spaces and moveable sliders and wall systems, there is a sensation of being indoors and outdoors at the same time. Fronting the street, horizontal Douglas fir slats dress the garage and entry, continue beyond, and then screen an open-air courtyard that was carved out of the living room of the existing home'. Partially elevated on pilotis, the C-shaped extension contains a master bedroom suite on the upper floor and two semi-open rooms below that can be used as offices or guest rooms. The extension is generously glazed.

A l'origine un ranch de style californien, cette résidence de 186 mètres carrés a fait l'objet de travaux d'extension et de rénovation se montant à US$600 000. L'extension, qui se trouve sur un site en pente parmi des eucalyptus de 18 mètres de hauteur, est reliée à la maison d'origine par un pont aux parois vitrées. Les architectes expliquent : « Les panneaux de verre expansibles, les espaces ouverts pris à la maison, les coulisseaux et l'assemblage des parois donnent la sensation d'être en même temps à l'intérieur et à l'extérieur. Côté rue, des lattes horizontales en sapin de Douglas recouvrent le garage et l'entrée, puis se poursuivent pour masquer une cour prise à la salle de séjour existante ». Reposant partiellement sur des pilotis, l'extension en forme de C contient une grande chambre à coucher au niveau supérieur et, en dessous, deux pièces semi-ouvertes qui peuvent servir de bureaux ou de chambres d'amis. L'extension est abondamment vitrée.

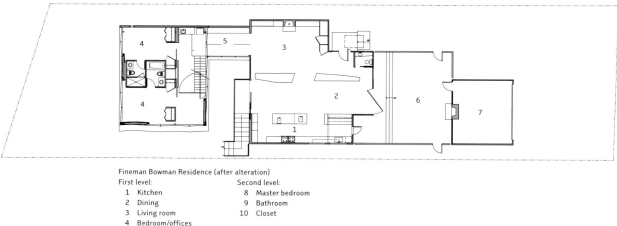

Fineman Bowman Residence (after alteration)

First level:
1 Kitchen
2 Dining
3 Living room
4 Bedroom/offices
5 Bridge
6 Outdoor courtyard
7 Garage

Second level:
8 Master bedroom
9 Bathroom
10 Closet

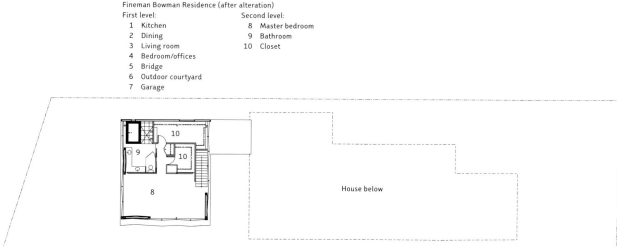

House below

(Fold House)

Alison Brooks Architects
London, UK
Photography by Dennis Gilbert, VIEW

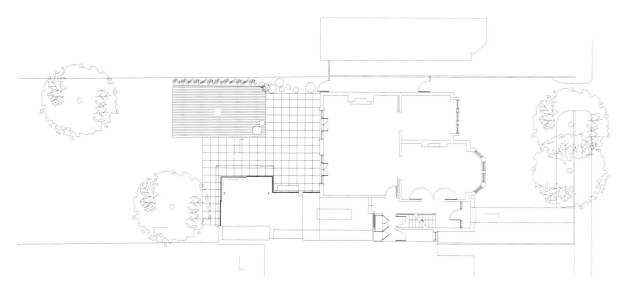

Located in the Wandsworth Common conservation area of South London, this 420-square-metre conversion and extension cost £350,000. The architects explain, 'The idea was to create an architecture of lightness and immateriality that rests lightly against the existing Victorian structure. This lightness is expressed through a single, thin planar skin that is cut and folded to form the roof, columns, walls, porticos, light reflectors and benches'. The repeatedly folded sheet of patinated bronze with a greyish appearance lightly overarches and encloses an even lighter glass box. The kitchen extension also contains a dining and living area. The glass enclosure creates a courtyard between the existing house and new extension. Extremely simple surfaces and furnishings emphasise the modern sophistication of the new architecture. A three-level extension was also planned to replace the existing coach house.

Située dans le quartier classé Wandsworth Common du sud londonien, cette conversion/extension de 420 mètres carrés a coûté £350 000. Les architectes expliquent : « L'idée était de créer une architecture de légèreté et d'immatérialité reposant légèrement sur la structure existante datant de l'époque victorienne. Cette légèreté est exprimée au travers d'une enveloppe extérieure unique, mince et plane, qui est coupée et repliée pour former le toit, les colonnes, les murs, les portiques, les réflecteurs de lumière et les bancs ». Ce feuillet, plié à maintes reprises, de bronze patiné à l'apparence grisâtre est légèrement cintré et entoure une boîte de verre encore plus légère. L'extension de la cuisine contient également un coin salle à manger et séjour. L'enceinte de verre forme une cour entre la maison et la nouvelle extension. Des surfaces et des garnitures d'une extrême simplicité font ressortir la sophistication moderne de la nouvelle architecture. Il a été également prévu de remplacer le hangar pour voitures à chevaux par une extension sur trois niveaux.

Forest House Renovation

Isabel Jacquinot
Perche Region, France

Photography courtesy Isabel Jacquinot

Located about 160 kilometres west of Paris, the Perche area is heavily forested. The site of this project, which is reached by a rural road bordered on the north by the forest of Bélème, has a remarkable view of the hills and pastures of the region. An existing 19th-century forest house was renovated, with respect for local traditions. Door and window frames are in stone, and the roof was made using old flat tiles. The architect made it a priority to make the best possible use of the site, creating visual sequences and emphasising the views. She sought to 'create a new, contemporary structure that would relate to the original house'. The extension is perpendicular to the old structure, creating an inner courtyard. Built in wood, it is clad in red cedar, and has a single slope roof. The eastern or entrance façade was left fairly closed, in order to surprise visitors who discover the views through the glazed west façade. A living area and American kitchen open onto a wooden belvedere that overlooks the site.

Situé à environ 160 kilomètres à l'ouest de Paris, le Perche est une région fortement boisée. Le site de ce projet, auquel on accède par une route de rase campagne bordée au nord par la forêt de Bélème, a une vue remarquable sur les collines et pâturages de la région. Une maison de forêt du XIXe siècle a été rénovée dans le respect des traditions locales. Les encadrements de porte et de fenêtre sont en pierre, et le toit a été fait avec de vielles tuiles plates. L'une des priorités de l'architecte était de tirer le meilleur parti du site, créant des séquences visuelles et mettant en valeur le panorama. Elle avait pour but de « créer une structure nouvelle et contemporaine qui soit en rapport avec la maison originale ». L'extension est perpendiculaire à l'ancienne structure, avec laquelle elle forme une cour intérieure. Construite en bois, elle est parée de cèdre rouge et est pourvue d'un toit à un versant. La façade est, celle de l'entrée, n'a pas été modifiée et est restée assez fermée, afin de surprendre les visiteurs découvrant le panorama offert par le vitrage de la façade ouest. Une salle de séjour et une cuisine à l'américaine s'ouvrent sur un belvédère en bois qui domine le site.

Former Town Mill

Hans Gangoly
Graz, Austria

Photography by Paul Ott

The internal timber structure of this centrally located mill dates back to 1880; both the structure and façade are listed as historic monuments. In 1999, the architect created loft-like flats for a young and urban clientele, organised on levels around a large inner courtyard. The architect says, 'The building receives light through glazed gables in the roof and the largely opened, northern wall of the building'. Access to the flats is via footbridges running along amid the timber beams. Inside the flats, concrete and sheet timber complement the consistently dominant linear timber construction. The success of the unusual project can be seen in the great demand for the flats. Within a few days, 140 interested parties applied for the 22 available flats; then as now, every single one of the flats could be let several times over.

La structure intérieure en bois de ce moulin situé dans le centre date de 1880 ; la structure et la façade sont classées monuments historiques. En 1999, l'architecte a créé des appartements de style 'loft' destinés à la jeune clientèle urbaine. Les appartements ont été disposés sur plusieurs niveaux encerclant une grande cour intérieure. L'architecte s'explique : « Le bâtiment reçoit la lumière par le biais de gâbles vitrés installés sur le toit et par le mur nord, largement ouvert, du bâtiment ». L'accès aux appartements se fait par des passerelles passant parmi les poutres de bois. A l'intérieur des appartements, du béton et des boisages complètent la construction linéaire en bois dominante. Le succès de ce projet inhabituel se voit à la grande demande que connaissent les appartements. En l'espace de quelques jours, 140 demandes ont été faites pour les 22 appartements disponibles ; maintenant comme alors, on pourrait louer les appartements plusieurs fois de suite.

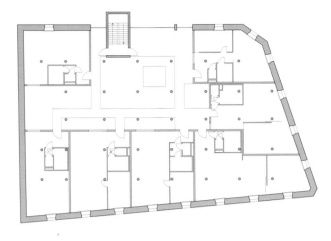

Georgian Townhouse

Henning Stummel Architects
London, UK

Photography by Luke Caulfield

To differentiate this extension to a brick Georgian townhouse from the original, the architects used timber. Given the extremely limited access to the site (through the front door only), the choice of wood was also motivated by local planning requirements, which specify the use of traditional materials that require craftsmanship. The architects point out that there is a rather long history of timber extensions to Georgian townhouses and that they wished to make their intervention reversible so that it could be easily removed in the future if necessary. Rather than comply with another regulation that stipulates the use of windows in keeping with those of the neighbourhood, the architects used sanded Perspex boards that allow light in, though they don't look like windows. This unusual lighting scheme was possible because the extension contains two bathrooms and a toilet/utility room. The architects explain, 'These rooms are not permanently habitable so they don't require conventional windows'.

Pour différencier cette extension du bâtiment original en briques, maison en mitoyenneté bâtie dans le style de l'époque des rois George, les architectes ont utilisé le bois comme matériau de construction. Le choix du bois a été déterminé par l'accès limité au site (par la porte de devant uniquement), mais aussi pour répondre aux conditions requises par le service local de l'urbanisme, qui prescrit l'utilisation de matériaux traditionnels nécessitant l'intervention d'un artisan. Les architectes ont fait remarquer que les extensions en bois aux maisons de ville géorgiennes ne dataient pas d'hier et qu'ils avaient voulu que leur intervention soit réversible, afin qu'elle puisse être démontée facilement en cas de nécessité. Plutôt que de se plier à une autre règle stipulant que les fenêtres soient en conformité avec celles du voisinage, les architectes ont utilisé des panneaux de plexiglas dépoli pour faire entrer la lumière, malgré le fait qu'ils ne ressemblent pas à des fenêtres. Ce système d'éclairage inhabituel a été possible parce que l'extension ne contient que deux salles de bains, des toilettes et un réduit. Les architectes expliquent : « Ces pièces ne sont pas des pièces d'habitation, elles n'ont donc pas besoin de fenêtres conventionnelles ».

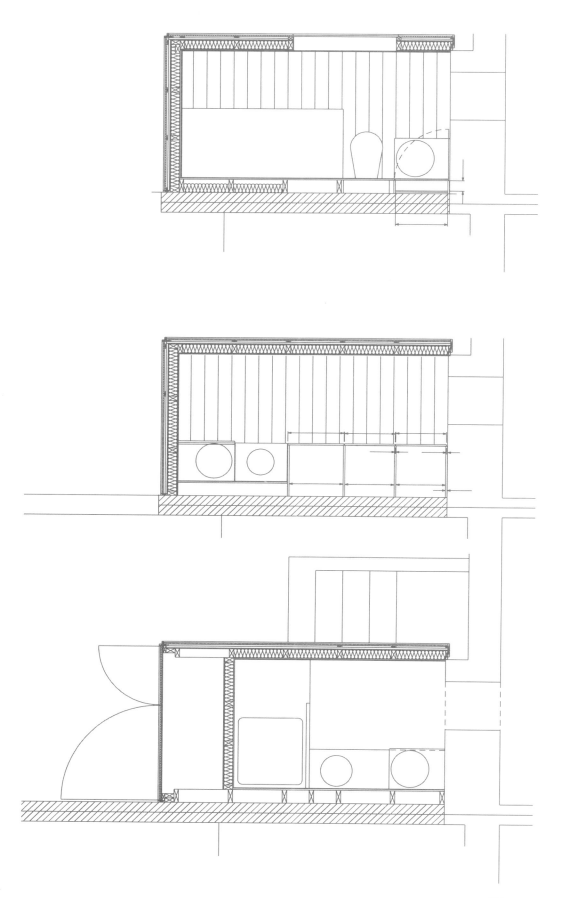

Gillies Street Extension

Robert Simeoni
Melbourne, Victoria, Australia

Photography courtesy Robert Simeoni

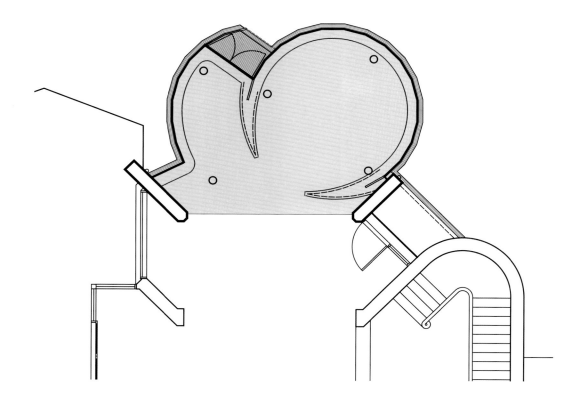

Architect Robert Simeoni created a small extension to a 1960's two-storey brick house that had undergone a number of earlier renovations. Using two interlocking glazed walls and a concrete structure to form a meal space between two earlier extensions, he used an innovative process to form the five concrete support columns and reinforced concrete roof slab. With a diameter of just 200 millimetres, the columns were made with high-strength liquid slurry mix. 'The intention was to clearly delineate the structural elements, and for the concrete to read as a single structural form', says Simeoni. Designed in 2003 and completed in 2004, the extension allows the clients to take full advantage of a new garden.

Architecte Robert Simeoni a créé une petite extension pour une maison en briques à deux niveaux des années 1960 qui avait déjà fait l'objet de plusieurs rénovations. Utilisant deux murs vitrés entrecroisés et une structure en béton pour créer un espace repas entre deux anciennes extensions, il a mis au point un procédé original pour former les cinq colonnes de soutien en béton et la dalle de toiture en béton armé. D'un diamètre de tout juste 200 millimètres, les colonnes ont été faites avec un coulis de ciment à haute résistance. « L'intention était de délinéer clairement les éléments structuraux et de donner au ciment une forme structural unique », a dit l'architecte. Conçue en 2003 et achevée en 2004, l'extension permet aux clients de tirer pleinement parti d'un nouveau jardin.

Gleimstrasse Loft

Graft
Berlin, Germany

Photography by Jan Bitter

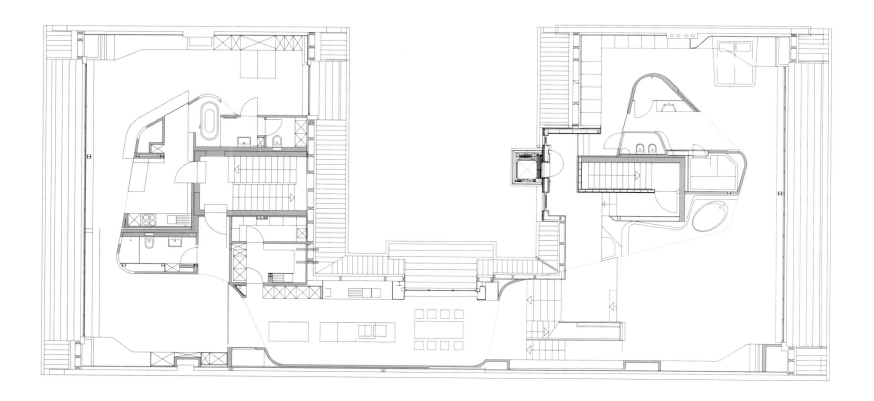

The architects transformed the roof of a typical 19th-century Berlin building into what they call an 'unfolded cocoon for an open mind'. This loft was designed with openness and 'fluid continuums incorporating bedroom, bathroom, living room and kitchen'. The intimate spaces – bathrooms, staircases, storage areas and entrances – are integrated and hidden in a sculptural mega-form. The architecture alternates between cave-like and stage-like atmospheres, depending on the function of the space. Sliding walls allow subdivisions – adjacent bathrooms and bedrooms can be combined into suites. The kitchen appears to be carved out of a single block and is located in the centre of the loft. Folding window/doors are used on the northern and southern façades. Two 13-metre-long balconies extend the interior in warm weather.

Les architectes ont transformé le toit d'un bâtiment berlinois typique du XIXe siècle en ce qu'ils appellent un « cocon ouvert pour un esprit ouvert ». Ce loft a été conçu avec un esprit d'ouverture et des « continuums fluides incorporant chambre, salle de bain, salle de séjour et cuisine ». Les espaces intimes – salles de bains, cages d'escalier et entrées – sont intégrés et dissimulés dans une mégaforme sculpturale. L'architecture alterne entre une atmosphère de grotte et une atmosphère de scène, selon la fonction de l'espace. Des parois coulissantes permettent de créer des subdivisions – les salles de bains et les chambres adjacentes peuvent être combinées en suites. La cuisine semble avoir été taillée dans un seul bloc et se trouve au centre du loft. Des fenêtres/portes articulées sont utilisées pour les façades nord et sud. Deux balcons de 13 mètres de longueur prolongent l'intérieur par beau temps.

Green Residence

Stephen Varady Architecture
Sydney, New South Wales, Australia
Photography courtesy Stephen Varady Architecture

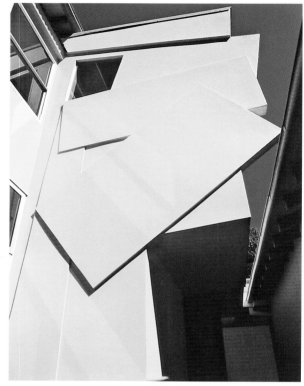

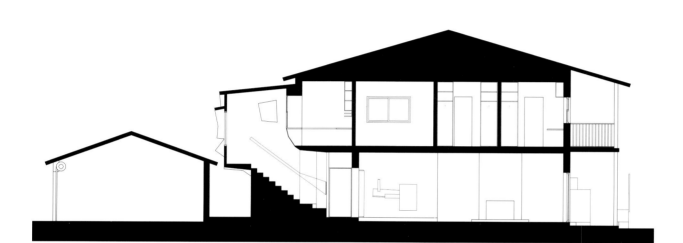

The architect carried out a series of alterations to an existing residence. 'These explorations manifest themselves as a dynamic intersection of sculptural elements. The owners requested a new stair, a new study, a guest bathroom, a remodelled kitchen with sunroom, and a new bar,' said the architect. A floor area of 313 square metres was involved in the work. The new staircase, located perpendicular to the front wall, was inspired by Marcel Duchamp's work *Nude Descending a Staircase, No.2*. Space liberated by the old stair was converted into a guest bathroom on the ground floor and a study on the upper level. An extended kitchen and adjacent sunroom, the remodelling of the entry courtyard, and a new door to the house through the garage were also part of the work. A bar was conceived as a functional sculpture.

L'architecte a effectué une série de transformations à une résidence existante. Il explique : « Ces explorations se manifestent comme une intersection dynamique des éléments structuraux. Les propriétaires voulaient un nouvel escalier, un nouveau bureau, une salle de bains pour les invités, une cuisine rénovée avec solarium et un nouveau bar ». Les travaux ont porté sur une surface au sol de 313 mètres carrés. Le nouvel escalier, perpendiculaire au mur de façade, a été inspiré par le Nu descendant un escalier No 2 de Marcel Duchamp. L'espace libéré par la démolition de l'ancien escalier a été converti en salle de bains pour invités, au rez-de-chaussée, et en bureau, au premier étage. Les travaux ont également comporté le prolongement de la cuisine et la création d'un solarium adjacent, la rénovation de la cour d'entrée et l'adjonction d'une nouvelle porte d'entrée dans le garage. Le bar a été conçu comme une sculpture fonctionnelle.

Hackney House

William Tozer architecture & design
London, UK

Photography courtesy William Tozer architecture & design

By joining two terrace houses together, the architect increased available living space from 100 square metres to 249 square metres. The design draws upon and abstracts the proportions and scale of the two houses. To prevent the new space appearing as an adjunctive corridor connecting the two existing dwellings, the floor level of the extension was lowered. Stepping down into the extension lends the space autonomy, while changing the relationship between inside and out. The magazine *Elle Décoration* wrote of this conversion, 'using the proportions and materials of the existing Victorian house and garden as a guide, the architects have created something unexpectedly modern'.

En joignant deux maisons-terrasses, l'architecte a augmenté l'espace de séjour en le faisant passer de 100 à 249 mètres carrés. Le plan s'inspire des proportions et des dimensions des deux maisons et se les approprie. Pour éviter que le nouvel espace n'apparaisse comme un passage auxiliaire reliant les deux habitations existantes, le niveau de plancher de l'extension a été abaissé. Le fait de descendre dans l'extension donne de l'autonomie à l'espace, tout en changeant la relation entre le dedans et le dehors. Le magazine Elle Décoration décrit ainsi cette conversion : « En s'inspirant des proportions et des matériaux de la maison victorienne existante et du jardin, les architectes ont créé quelque chose d'étonnamment moderne ».

Hametner Residence and Gallery

Hans Gangoly
Stoob, Austria
Photography by Paul Ott

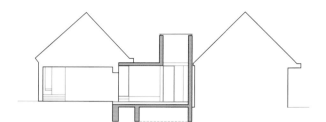

An old farmhouse owned by the Hametner family in the village of Stoob in central Burgenland was converted for use as a living space and gallery. A glazed extension was placed in the inner courtyard, dividing the yard into a public gallery and a private garden area. In the architect's words, 'Just as the manifestation of a building volume in the courtyard of a classic farmhouse breaks through the structurally typical, linear room sequence and opens up a new vista, so part of the ceiling slab of the new building protrudes above and beyond the roof level, opening up the horizon more than just figuratively'. Completed in September 1998, the 175-square-metre renovation cost €152,000.

Une vieille ferme appartenant à la famille Hametner, dans la village de Stoob au centre de la région du Burgenland, a été convertie pour servir d'espace de séjour et de galerie. Une extension vitrée a été placée dans la cour intérieure, la divisant en une galerie publique et un espace jardin privé. Pour utiliser les mots de l'architecte : « Tout comme la manifestation du volume d'un bâtiment dans la cour d'une ferme traditionnelle fractionne la séquence linéaire, structurellement typique, des chambres et ouvre une nouvelle perspective, le plafond du nouveau bâtiment dépasse et se prolonge au-delà du niveau du toit pour ouvrir l'horizon, et pas seulement au sens figuré ». Achevée en septembre 1998, l'renovation de 175 mètres carrés a coûté €152 000.

Heeren Shop House

SCDA
Malacca Town, Malacca, Malaysia
Photography by Albert Lim

The architects were asked to create a meditation center from the ruins of a Chinese shop house in the historic Tun Tan Cheng Lock Street, formerly known as Heeren Street. Rather than replace the roof, four flat-roofed modernist boxes – for sleeping, meditation, services and living – were inserted into the remains of the old building. The remainder of the ground floor was given over to a bamboo garden, a performance stage and a 15-metre-long pool. The project was completed in 2002 for a cost of US$45,226 and measures 498 square metres. A deliberate and sustained contrast between new and old, between the past and the present, characterises this renovation. The old walls that are left as *objets trouvés* carry multiple meanings and are capable of many translations.

On avait demandé aux architectes de créer un centre de méditation sur les ruines d'une maison-magasin chinoise dans la rue historique Tun Tan Cheng Lock, qui s'appelait autrefois Heeren Street. Au lieu de remplacer le toit, quatre boîtes à l'aspect moderniste pourvues d'un toit plat ont été insérées dans ce qui restait de l'ancien bâtiment pour faire office de dortoir, de lieu de méditation, de lieu pour les services religieux et d'espace de séjour. Le reste du premier niveau contient maintenant une bambouseraie, une scène de spectacle et une piscine de 15 mètres de longueur. Le projet a été achevé en 2002 à un coût de US$45 226 et représente une superficie de 498 mètres carrés. Un contraste délibéré et entretenu entre le nouveau et l'ancien, entre le passé et le présent, caractérise cette rénovation. Les vieux murs, qui sont restés comme objets trouvés, sont porteurs de significations multiples pouvant être traduites de nombreuses façons différentes.

Highbury Terrace

M3 Architects
North London, UK
Photography courtesy M3 Architects

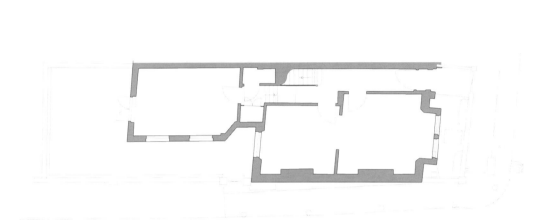

This single-storey, glazed rear extension was designed for a Victorian family house in the Highbury Fields Conservation area in Islington. A glass canopy covers the old bin store to the side of the old extension, reconnecting the space with the kitchen. The rear of the house is supported on two steel beams that completely open up the garden level. Sliding glass doors link the small patio garden back into the house. A modern kitchen and clean lines intimately link the extension to the original redesigned spaces.

Cette extension arrière vitrée à un seul niveau a été conçue pour une maison familiale de l'époque victorienne sise dans la zone de conservation Highbury Fields à Islington. Une marquise recouvre l'ancien local à poubelles sur le côté de l'ancienne extension, reconnectant cet espace avec la cuisine. L'arrière de la maison, reposant sur deux poutres en acier, s'ouvre entièrement sur le jardin. Des portes coulissantes en verre relient le petit jardin patio à la maison. Une cuisine moderne et des lignes pures lient de façon intime l'extension aux espaces originaux modifiés.

Hoffmann House

And8 ARCHITECTS aisslinger + bracht
Hamburg, Germany

Photography by Martin Kunze

A conversion and extension of an existing Wilhelmian-style house located on the Wohlersallee in Hamburg, this project involved a willful interplay between the old and the new and an effort to bring more daylight into the residence. In the place of an existing window on the roof, a flat-roof dormer made of timber, plaster and zinc was added to improve lighting. Sliding, folding glass windows occupy the full height of the dormer, accentuating newly found light and openness. The dormer stands above trees that had previously blocked light entering the residence. Large, folding glass doors were inserted near the ground-floor garden space, in the place of a door and window. These doors allow free circulation from the kitchen to the exterior in the warmer months, and a broad view of the garden year-round. On the ground floor, the architects also added a sliding birch and glass door in the formerly open passageway between the kitchen and the stairway. Although unobtrusive, the architects' interventions incorporate both a respect of the existing architecture and an emphatic modernisation of the interior.

Ce projet de conversion et d'extension d'une maison existante, bâtie dans le style de l'époque de l'empereur Guillaume, fait intervenir une interaction délibérée entre l'ancien et le nouveau et tire le meilleur parti de la lumière du jour. Une lucarne de toiture-terrasse faite de bois, de plâtre et de zinc a remplacé la fenêtre du toit pour améliorer l'éclairage naturel. Des fenêtres coulissantes et pliantes occupent toute la hauteur de la lucarne, faisant ressortir cette nouvelle source de lumière et d'ouverture sur l'extérieur. La lucarne se situe au-dessus des arbres qui avaient auparavant empêchée la lumière d'entrer dans la résidence. De grandes portes vitrées pliantes ont été insérées au niveau de l'espace jardin du rez-de-chaussée, remplaçant une porte et une fenêtre. Ces portes permettent de circuler librement de la cuisine vers l'extérieur durant la saison chaude, et offrent une large vue sur le jardin tout au long de l'année. Au rez-de-chaussée, les architectes ont également ajouté une porte coulissante en bouleau et en verre pour séparer la cuisine de l'escalier. Tout en restant discrètes, les interventions des architectes incorporent à la fois le respect de l'architecture existante et une modernisation incontestable de l'intérieur.

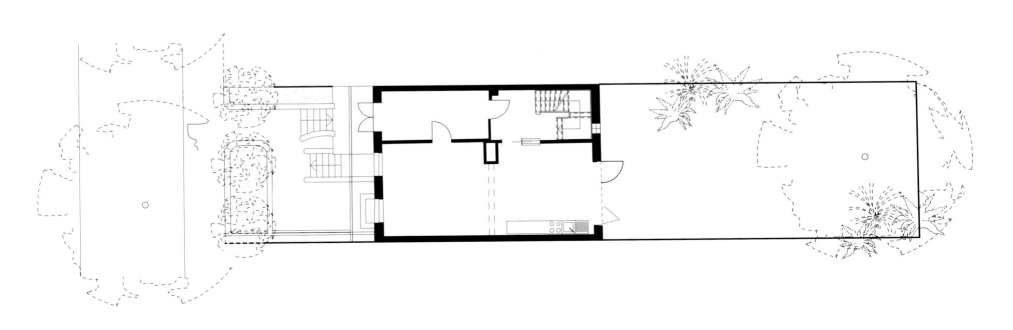

Hornegg Mansion

Hans Gangoly
Preding, Austria

Photography by Paul Ott

After a fire destroyed the roof of this 19th-century manor house near Graz, rental flats were created in an annexed building. An individual lightweight pillar construction was placed on the retained ground floor of the existing buildings and spanned over with prefabricated timber elements, allowing the flats to be built free of a supporting structure. They are glazed on three sides, which puts them in direct contact with the rural environment. Glazed lantern-like upper floors and large roof terraces highlight this effect. The plain façades are also prefabricated and clad with aluminium sheets. Despite the new building body being flush with the lines of the base level, it differs considerably from the existing structure in terms of material and tectonics, creating a sharp division line between old and new. A total of 640 square metres was involved in the construction work that cost the equivalent at the time of €790,000.

Après la destruction, lors d'un incendie, du toit de ce manoir du XIXe siècle près de Graz, des appartements à louer ont été créés dans un bâtiment annexe. Une construction individuelle sur piliers légers avait été placée sur le premier niveau, qu'on avait conservé, des bâtiments existants et enjambée par des éléments préfabriqués en bois pour permettre la construction des appartements sans structure portante. Ceux-ci sont vitrés sur trois côtés, ce qui les met en contact direct avec l'environnement rural. Les étages supérieurs vitrés en forme de lanternes et les grandes terrasses sur le toit soulignent cet effet. Les façades sans ornement sont également préfabriquées et sont recouvertes de tôles d'aluminium. Bien que le corps du nouveau bâtiment soit dans l'alignement du niveau de base, il se distingue considérablement de la structure existante sur le plan des matériaux et de la tectonique, créant une ligne de division très nette entre l'ancien et le nouveau. Les travaux de construction ont porté sur 640 mètres carrés et ont coûté l'équivalent de €790 000 à l'époque.

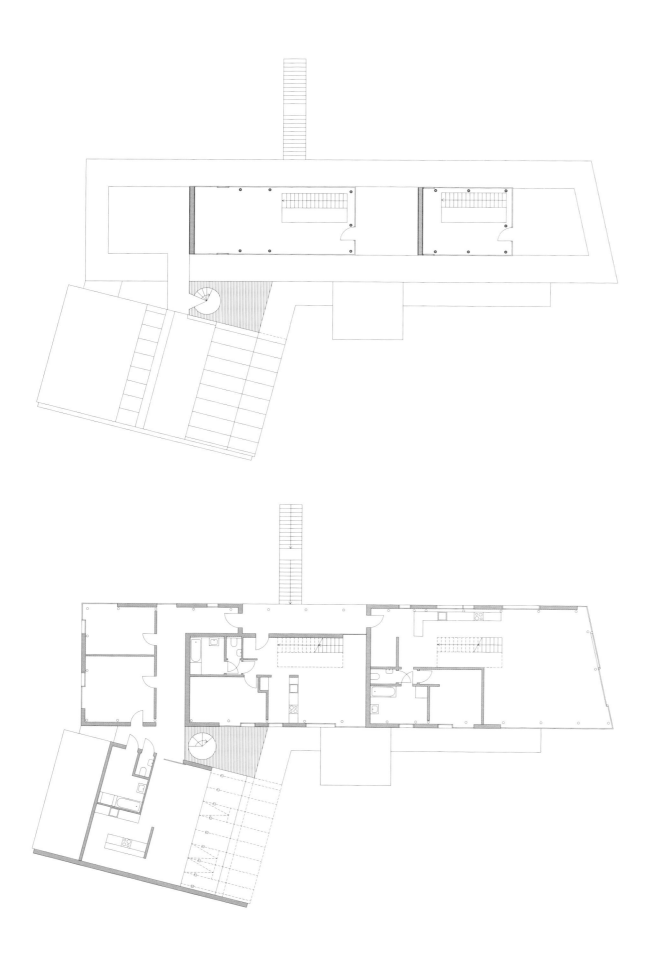

House in Dartmouth Park

Boyarsky Murphy Architects
London, UK
Photography by Hélène Binet

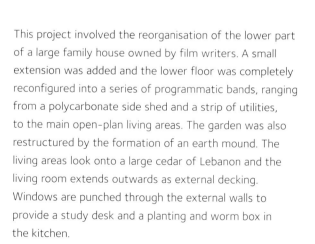

This project involved the reorganisation of the lower part of a large family house owned by film writers. A small extension was added and the lower floor was completely reconfigured into a series of programmatic bands, ranging from a polycarbonate side shed and a strip of utilities, to the main open-plan living areas. The garden was also restructured by the formation of an earth mound. The living areas look onto a large cedar of Lebanon and the living room extends outwards as external decking. Windows are punched through the external walls to provide a study desk and a planting and worm box in the kitchen.

Ce projet consistait à réorganiser la partie inférieure d'une grande maison familiale appartenant à des scénaristes de cinéma. Une extension de petite taille a été ajoutée et le rez-de-chaussée a été complètement reconfiguré en une série de bandes programmatiques, allant d'un buffet en polycarbonate à une batterie d'appareils électroménagers, conduisant vers les principales aires de séjour décloisonnées. Le jardin a également été restructuré par la création d'un monticule de terre. Les aires de séjour donnent sur un grand cèdre du Liban et la salle de séjour se prolonge au dehors pour former une terrasse extérieure. Des fenêtres ont été construites dans les murs extérieurs pour pouvoir incorporer un bureau et une jardinière à l'espace cuisine.

1 Study
2 Terrace
3 Living room
4 Polycarbonate shed
5 Utility strip
6 Study window desk
7 Kitchen worm window
8 Kitchen
9 Mound

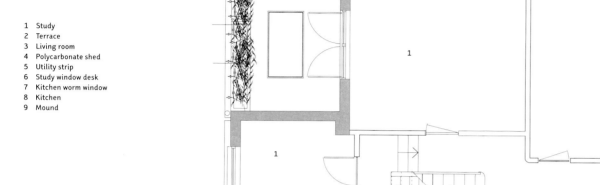
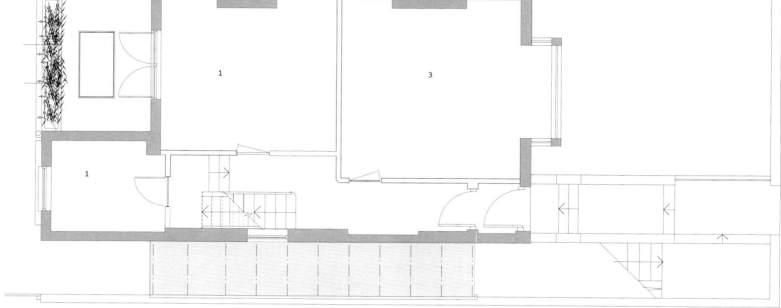
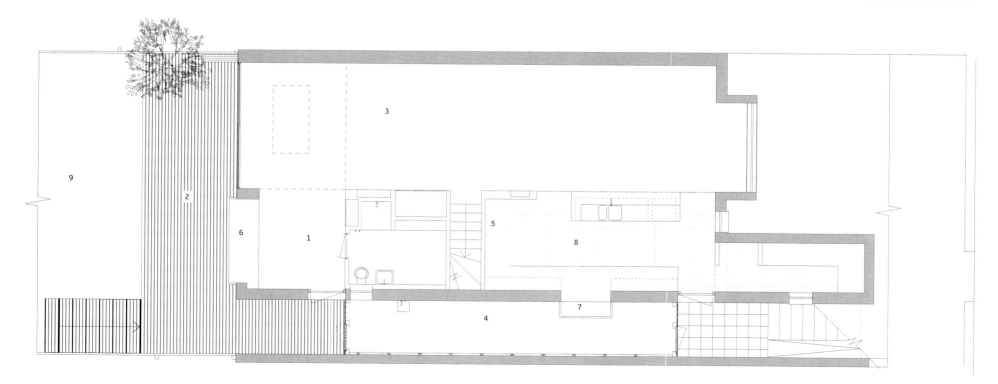

House in St Margarets

Boyarsky Murphy Architects
Twickenham, UK

Photography by Sue Barr

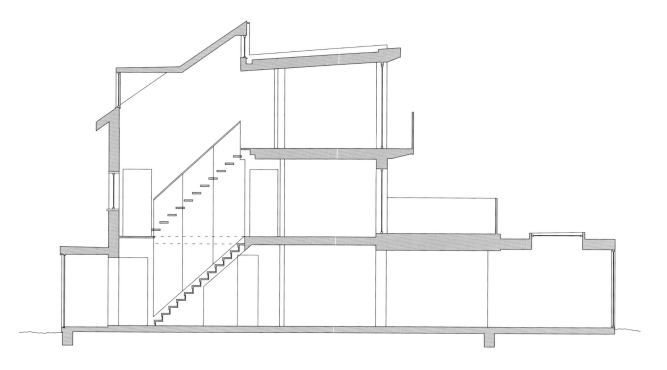

Additions and alterations were made to this 1950's house, including a new level, a structural glazed extension and glass-supported stairs. As the architects explain, 'The house was small, dark and gloomy. Our brief was to add space and light. It became an exercise in the use of glass: to introduce structure (to support stairs and the roof of a new extension), to introduce flexibility (sliding and folding doors and screens) and to define spaces (curved glass) and make transparencies (glass landings and roof lights). We added a new floor with a continuous glazed clerestory, a new entrance, and a fully glazed structural extension and a new staircase'. With its floor-to-ceiling windows, the new extension gives a truly modern appearance to the house and allows for generous views into a garden space.

Des adjonctions et des modifications ont été apportées à cette maison des années 1950, dont un nouvel étage, une extension vitrée et des escaliers en verre. Les architectes s'expliquent : « La maison était petite, sombre et lugubre. Nous avions pour directives d'ajouter de l'espace et de la lumière. Ceci s'est traduit par une opération d'utilisation du verre : pour donner de la structure (soutenir les escaliers et le toit d'une nouvelle extension), pour introduire de la flexibilité (portes coulissantes et articulées et grillages), pour définir des espaces (verre bombé) et pour créer de la transparence (paliers en verre et lanterneaux). Nous avons ajouté un nouvel étage avec une claire-voie vitrée continue, une nouvelle entrée, une extension entièrement vitrée et une nouvelle cage d'escalier ». Avec ses fenêtres allant du sol au plafond, la nouvelle extension donne une véritable apparence de modernité à la maison et offre une vue généreuse sur l'espace jardin.

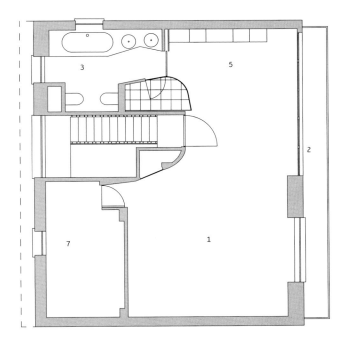

1   Bedroom
2   Terrace
3   Bathroom
4   Living
5   Study
6   Kitchen
7   Dressing room

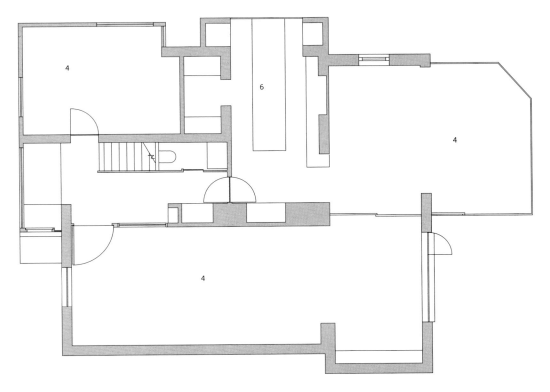

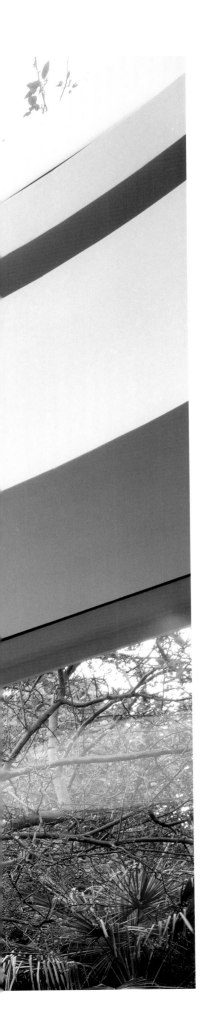

House in the 14th Arrondissement

Clermont Architects
Paris, France

Photography by Daniel Osso

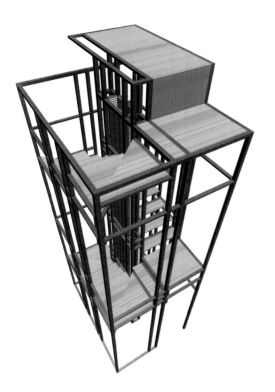

François Clermont describes this as a 'small complicated project'. Located in a small, private laneway, the four-level residence was built at the beginning of the 20th century and measured 84 square metres. With bedrooms situated on the two top levels, the house was overly complex inside, affording little light or free space. The owner wanted to open the house up, but still be able to close it if he wished, so the architect made each floor different and introduced as much new light as possible. The ground floor was given over to a full-length kitchen, for which the architect also used a part of the existing rear garden. The next floor up was carefully divided to make storage space and a bathroom for the sleeping area. The top floor was converted into an office/guest room under the eaves. François Clermont describes the new corner staircase as the backbone of the project – serving each level of the now 91-square-metre house.

François Clermont décrit ce projet comme étant « petit et compliqué ». Située dans une petite allée privée, cette résidence de quatre niveaux a été construite au début du XXe siècle et fait 84 mètres carrés. Avec les chambres à coucher aux deux niveaux supérieurs, la maison présentait une grande complexité à l'intérieur, laissant entrer peu de lumière et ne disposant que de peu d'espace libre. Le propriétaire voulait ouvrir la maison sur l'extérieur, mais voulait pouvoir la refermer quand il le désirait; c'est pourquoi l'architecte a rendu chaque étage différent des autres et a introduit autant de lumière que possible. Le rez-de-chaussée est consacré à la cuisine, une salle à manger et le salon. La cuisine est située à l'emplacement d'une partie de l'ancien jardin à l'arrière de la maison. Le niveau suivant a été divisé soigneusement pour créer des espaces de rangement et une salle de bain pour les chambres à coucher. Le dernier étage a été converti en bureau/chambre d'amis sous le toit. François Clermont décrit la nouvelle cage d'escalier dans le coin comme l'élément central du projet – desservant tous les étages de la maison, qui fait maintenant 91 mètres carré.

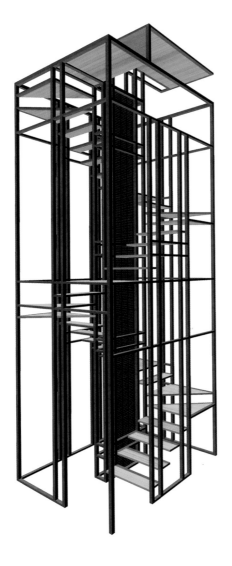

Institute for Dialects

Hans Gangoly
Oberschützen, Austria

Photography by Paul Ott

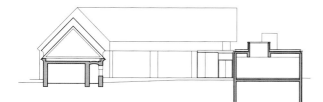

Completed in March 2003 for a cost of €803,000, a farmhouse that formerly served as a museum was extended and converted into an institute for research on regional vernaculars. The architect says, 'The new building parts complete the existing buildings, creating an analogy to the strip-like structures with narrow courts that are typical of the Burgenland region, the easternmost Austrian province. The rhythm of the lines is continued in the inner structure of the new building. The building complex can be seen from the elevated access road, displaying its lively roof, heavily structured by skylights. The roof acts like a fifth façade that becomes visible from a certain position, rather like areas of language that can be heard in a certain environment'.

Une ferme, qui faisait office de musée, a été agrandie et convertie en un institut de recherche sur les dialectes locaux. Les travaux ont été achevés en mars 2003 à un coût de €803 000. L'architecte explique : « Les parties du nouveau bâtiment complètent les bâtiments existants, créant une analogie avec les structures en bandes à cours étroites qui caractérisent la région de Burgenland, la province la plus à l'est de l'Autriche. Le rythme des lignes se poursuit dans la structure intérieure du nouveau bâtiment. L'ensemble immobilier peut se voir de la route d'accès en surplomb, arborant son toit pétulant parsemé de lanterneaux. Le toit fait fonction de cinquième façade qui devient visible d'une certaine position, un peu comme ces langages qu'on n'entend que dans des endroits particuliers ».

Jacobs Subterranean

Tighe Architecture
Sherman Oaks, California, USA
Photography by Art Gray

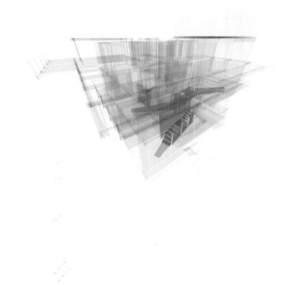

Patrick Tighe had the audacious idea to create a 111-square-metre extension to a house beneath the existing, single-family hillside dwelling. The new space is carved out of the seemingly uninhabitable space between the underside of the building and the inclined earth. The extension serves as a conduit for the living quarters above to the garden below. The large gesture of the cascading stair connects all the floors of the multi-tiered space and creates a unifying whole. This solution was partially dictated by strict local construction regulations that inhibited the existing structure's alteration. Varying ceiling heights reach up to almost 5 metres in the music room. A bathroom adjacent to the stairway features laminated opaque glass. 'When illuminated, the chamber for bathing is omnipresent and the silhouette of the activity contained within is revealed,' he concludes.

Patrick Tighe a eu l'idée audacieuse de construire une extension de 111 mètres carrés sous une maison à flanc de colline abritant une seule famille. Le nouvel espace a été creusé dans ce qui semblait être un espace inhabitable entre l'assiette du bâtiment et la dénivellation du sol. L'extension sert de lieu de passage entre les locaux d'habitation du dessus et le jardin en deçà. L'ample cheminement de l'escalier en cascade relie tous les étages de l'espace à niveaux multiples, créant un ensemble unifié. Cette solution a été dictée en partie par la stricte réglementation locale en matière de construction, qui interdit la modification de la structure existante. Les hauteurs de plafond varient pour atteindre presque 5 mètres dans la salle de musique. Une salle de bains adjacente à l'escalier est pourvue de vitres en verre feuilleté opaque. « Lorsqu'elle est éclairée, la salle de bains est omniprésente et révèle en silhouette les activités qu'elle renferme », conclut-il.

Kit House Extension

Olivier de Perrot
Gelterkinden, Switzerland

Photography courtesy Olivier de Perrot

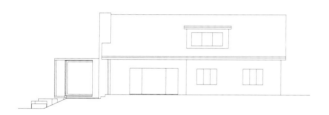

The architect undertook the rather difficult task of designing an extension for a kit house in a residential area of Gelterkinden in the region of Basel-Landschaft. Because the lot used for the house was too small to turn it in the direction intended by the planners, its rear faced another building, and there was no generous opening towards the garden. Above all, the owner wanted to create a satisfying rapport between the house and its backyard. Perrot writes, 'The task was a complex one: create a significant mutation with a simple composition, from an unattractive original house'. Using the massive brick chimney (originally advertised as one of the house's attractions) as an element in his composition, along with its white peak, Perrot created a hollow, black concrete parallelepiped that houses the new verandah and connects with the garden.

L'architecte a entrepris la tâche plutôt difficile de faire le plan de l'extension d'une maison en préfabriqués dans un quartier résidentiel de Gelterkinden, dans le canton de Bâle-Campagne. Le lot de terrain utilisé pour la maison était trop petit pour l'orienter dans la direction voulue par les urbanistes, l'arrière faisait face à un autre bâtiment et il n'y avait pas de grande ouverture sur le jardin. Par-dessus tout, le propriétaire voulait créer un rapport satisfaisant entre la maison et sa cour arrière. Perrot a écrit : « C'était une tâche complexe : créer une mutation substantielle avec une composition simple à partir d'une maison peu attrayante ». En utilisant la massive cheminée en briques (présentée initialement comme l'un des attraits de la maison) et son arête blanche, pour en faire des éléments de sa composition, Perrot a créé un parallélépipède noir et creux en béton qui contient la nouvelle véranda et communique avec le jardin.

Klenke Apartment Building

ArchiFactory.de
Dortmund, Germany
Photography courtesy ArchiFactory.de

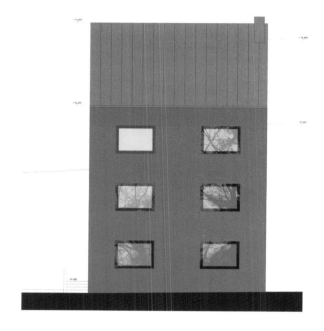

An existing two-storey structure was rebuilt and extended, through the addition of a third level. The architects were influenced by the 19th-century timber-frame construction of the industrial area of Siegen, located 100 kilometres south of Dortmund. As they write, 'Our suggestion for the reconstruction of the Klenke apartment building is based on the artistic principles and thoughts of this long-forgotten building type. The two existing floors had to be adapted to contemporary standards of living and comfort and the floor plans had to be retained to the greatest possible extent. The newly arranged upper floor received a slightly varied layout, including an open living area. With its traditional roof shape and the simple cubic design, the new house blends seamlessly with the buildings of the area. At the same time, the new building shell comes across as a coloured block, whose lively surface coating changes in the light ... The interaction of tradition and "reduction" causes an interplay of different images of the house and dissolves the appearance of the past into that of the present'.

Une structure existante de deux étages a été reconstruite et agrandie par l'addition d'un troisième niveau. Les architectes ont été influencés par les constructions à ossature de bois en vogue au XIXe siècle dans la région industrielle de Siegen, située à 100 kilomètres au sud de Dortmund. Ils s'expliquent : « Notre suggestion pour la reconstruction de l'immeuble Klenke repose sur les principes et les conceptions artistiques de ce type de bâtiment d'un autre âge. Les deux étages existants devaient être adaptés aux normes et au confort exigés par la vie contemporaine, et les plans d'étage devaient être préservés dans la plus grande mesure du possible. Le dernier étage nouvellement ajouté est d'un agencement quelque peu différent, comprenant notamment une surface de séjour ouverte. Avec sa toiture de forme traditionnelle et son tracé cubique simple, la nouvelle maison s'allie parfaitement aux bâtiments environnants. En même temps, la coque du nouveau bâtiment donne l'impression d'un bloc coloré, dont le revêtement animé change d'apparence avec la lumière... L'interaction de la tradition et de la 'réduction' projette des images différentes de la maison et dissout l'apparence du passé dans celle du présent. »

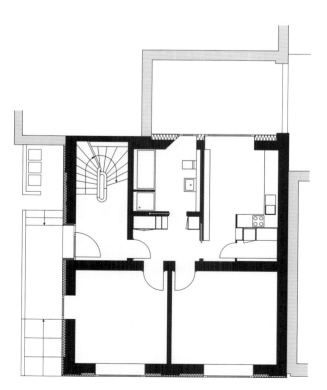
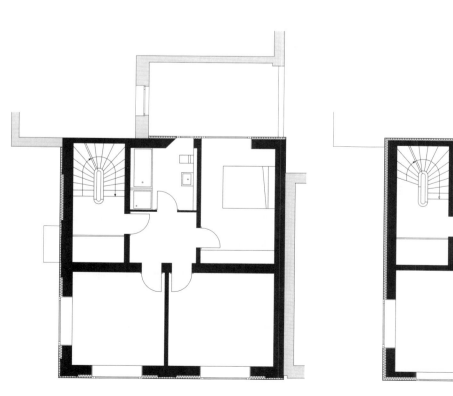

Klompé Addition

Chris Elliott Architects
Sydney, New South Wales, Australia
Photography by Walter Glover

Located in a typical Sydney residential area, this addition to an art collector's house is intended as a gallery and living space. 'The gallery', says Chris Elliott, 'was designed as series of simple interlocking boxes, for reasons of economy and to provide maximum wall area for picture hanging. These boxes criss-cross over a central spine, a double-height space that allows an appreciation of the length of the available part of the site, giving a feeling of spaciousness. The skew angles of the boxes serve to enliven the space thus formed'. Conventional construction methods and flat roofs were used to create the maximum amount of space at a reasonable cost. Windows in the gallery are small, and the living room was carefully designed to admit winter sun while excluding direct summer sun. Designed with contemporary Australian art in mind, the gallery is on two levels and is arranged around an internal courtyard.

Située dans une zone résidentielle typique de Sydney, cette adjonction à une maison appartenant à un collectionneur d'art est destinée à servir de galerie et d'espace de séjour. « La galerie, dit Chris Elliott, a été conçue comme une série de boîtes simples imbriquées les unes dans les autres, pour des raisons économiques mais aussi pour maximiser la surface murale sur laquelle seront accrochés les tableaux. Ces boîtes s'entrecroisent par-dessus une arrête centrale, un espace à double hauteur qui permet d'apprécier la longueur de la partie disponible du site, produisant ainsi la sensation d'un espace de grandes dimensions. Les angles obliques des boîtes égaient l'espace ainsi créé ». Des méthodes de construction conventionnelles et des toits plats ont été utilisés pour créer un maximum d'espace à un coût raisonnable. Les fenêtres de la galerie sont de petite taille. et la salle de séjour a été soigneusement conçue pour faire rentrer le soleil d'hiver et en exclure les rayons directs du soleil d'été. Conçue dans un style australien contemporain, la galerie s'élève sur deux niveaux et est disposée autour d'une cour intérieure.

Koshino House Extension

Tadao Ando Architect & Associates
Ashiya, Hyogo, Japan
Photography courtesy Tadao Ando Architect & Associates

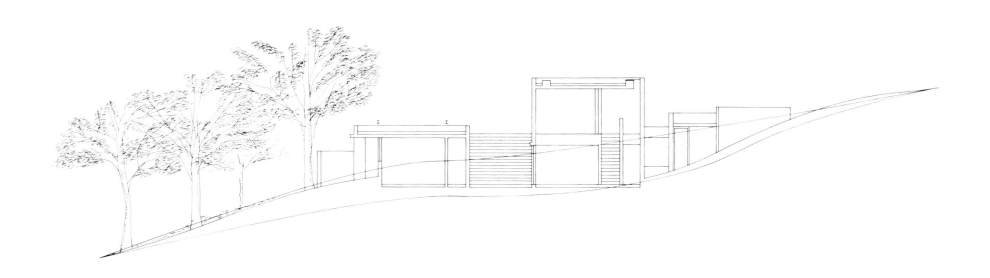

The Koshino House is located in the fashionable Ashiya City area between Kobe and Osaka. The original house, built between 1980 and 1981, consisted of two parallel, rectangular concrete volumes. The block closer to the entrance contains a double-height living room and the kitchen, while the lower section on the downhill side has a series of six identical bedrooms. A fan-shaped extension that now contains the master bedroom was added three years after the original construction. One unusual feature of this house, which is set on a pleasant wooded site, is that the visitor approaches it from above, and is thus made fully aware of the plan of the house, with the extension located closest to the roadside entrance. Within, the play of light across the concrete walls illustrates Ando's desire to modulate the presence of nature in its most ephemeral forms. The Koshino House is one of Ando's earliest attempts to closely integrate architecture into a natural setting, or to create 'architecture as landscape', as he puts it.

La maison Koshino est située dans le district chic de la ville d'Ashiya, entre Kobe et Osaka. A l'origine, cette maison, construite en 1980 et 1981, consistait en deux volumes rectangulaires parallèles de béton. Le bloc le plus près de l'entrée contient une salle de séjour à double hauteur et la cuisine, et la section la plus basse, sur le versant de la colline, est divisée en une série de six chambres à coucher identiques. Une extension en forme d'éventail, qui contient maintenant la chambre à coucher principale, a été ajoutée trois ans après la construction initiale. Une des particularités de cette maison, qui est sise sur un agréable site boisé, et que le visiteur s'en approche par le haut et a ainsi une vision globale du plan de la maison, dont l'extension est située le plus près de l'entrée côté route. A l'intérieur, le jeu de lumière sur les murs de béton illustre le désire de Ando de moduler la présence de la nature dans ses formes les plus éphémères. La maison Koshino est l'une des premières tentatives que Ando a faites pour intégrer intimement l'architecture à l'environnement naturel, ou, comme il le dit, pour créer « architecture de paysage ».

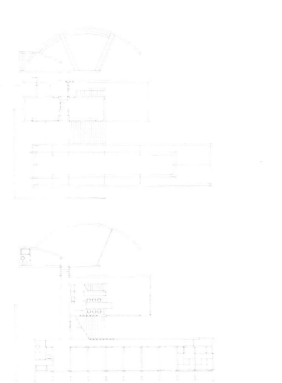

Legal/Illegal

Manuel Herz
Cologne, Germany
Photography courtesy Manuel Herz

This 540-square-metre house was built on a long, narrow 5.5 x 25-metre site. It is an exercise in the strict obedience of the area's building regulations. The floor area of the upper space was built above and beyond local density regulations. As Manuel Herz explains, 'Every single surface of its faceted volume throws a "shadow-area" onto one of the neighbouring sites, something forbidden by German planning law. The fire regulations are disregarded and the main mass of the volume encroaches the street again, crossing the municipal building line. The exterior walls are not perpendicular or upright and the differentiation between wall, roof and floor is dissolved. A bright red polyurethane coating allows for a "construction without details" and forms a continuous skin over all surfaces of the building. Being disrespectful of the German building code and the laws and regulations of that site in particular, it is the "illegal volume"'. The planning application was accepted without objections by the authorities.

Cette maison de 540 mètres carrés a été construite sur un site long et étroit de 5,5 mètres sur 25 mètres. C'est le type même de la stricte conformité à la règlementation locale des constructions. L'aire de plancher de l'espace supérieur a été construite en allant au-delà de la réglementation locale en matière de densité. Comme l'explique Manuel Hertz : « Chacune des surfaces de son volume à facettes jette une 'zone d'ombre' sur l'un des sites avoisinants, ce qui est interdit par la loi allemande en matière d'urbanisme. Il n'est tenu aucun compte de la réglementation en matière d'incendie et la masse principale du volume empiète sur la rue, dépassant l'alignement des bâtiments imposé par la municipalité. Les murs extérieurs ne sont pas perpendiculaires ou verticaux, et aucune différentiation n'est faite entre mur, toit et plancher. Un revêtement rouge vif en polyuréthane permet une 'construction sans détail' et forme une enveloppe continue sur toutes les surfaces du bâtiment. Le plus irrespectueux du code de construction allemand et des lois et règlementations afférentes à ce site en particulier est le volume 'illégal' ». Le permis de construire a été approuvé sans objections par les autorités.

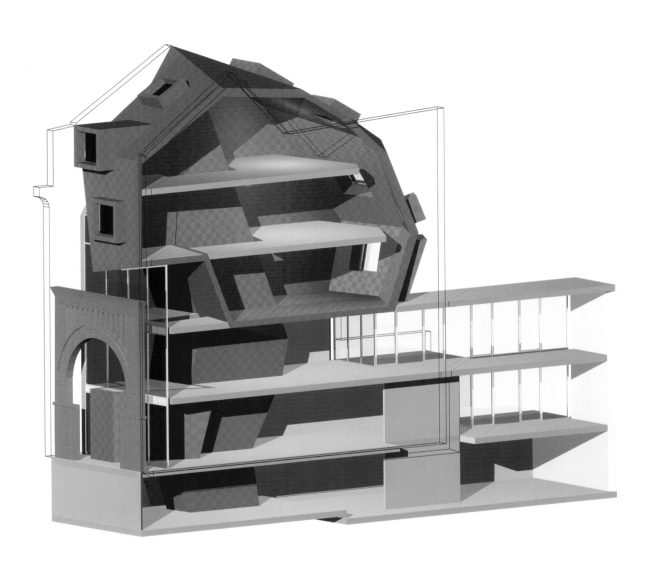

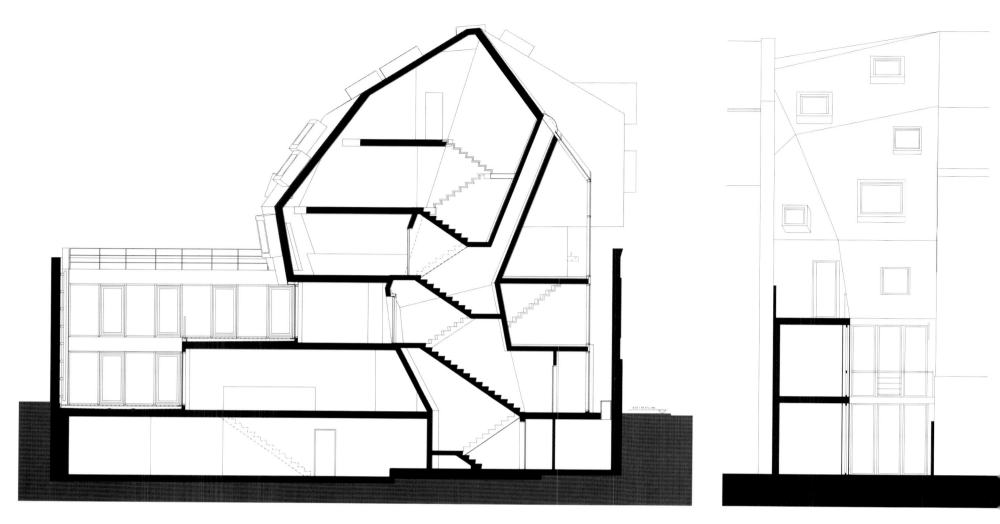

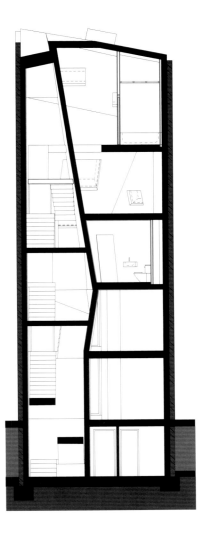

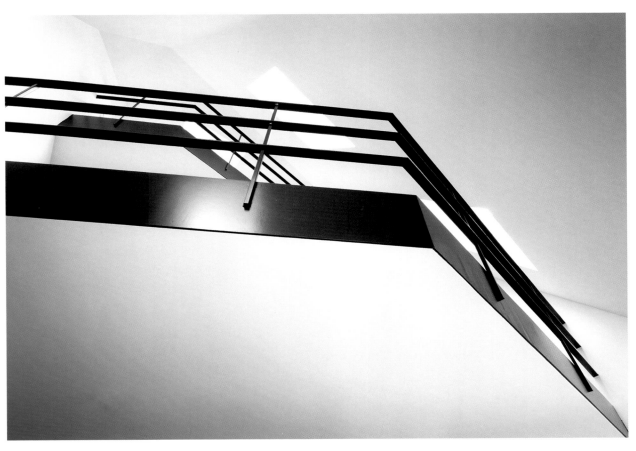

Linton Street

M3 Architects
London, UK

Photography by Zander Olsen

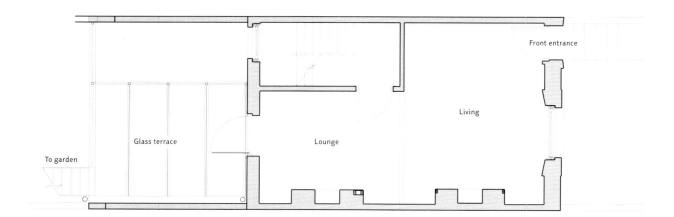

Located in Islington, in the middle of the Arlington conservation area, this project involved convincing conservation authorities that a 'non-contextual' modern addition at the rear of a house would 'enhance rather than detract from the existing terrace'. The architects also convinced the owner, a research scientist for a major pharmaceutical company, that his plan to add a small £30,000 conservatory to his house was not ambitious enough. With his constant input, a storey was added to the glazed extension and the entire house was refurbished at a total cost of £240,000. A modern kitchen leads to the open addition at the back of the house, and in a sense the original intention to add a conservatory was maintained with this flat-topped glass-box extension. Clean, simple lines in the refurbished spaces make the old house blend seamlessly with modernity.

Dans le cadre de ce projet, il avait fallu convaincre l'office de la protection de l'environnement que l'adjonction moderne « non contextuelle » à l'arrière d'une maison située à Islington, au milieu de la zone de conservation d'Arlington, « valoriserait, plutôt que ne ternirait, la terrasse existante ». Les architectes ont également convaincu le propriétaire, un chercheur travaillant pour une grande société pharmaceutique, que son intention d'ajouter à sa maison un petit jardin d'hiver de £30 000 n'était pas assez ambitieuse. Avec les constantes suggestions de celui-ci, un étage a été ajouté à l'extension vitrée et la maison toute entière a été rénovée à un coût total de £240 000. Une cuisine moderne conduit à l'extension ouverte à l'arrière de la maison et, dans un certain sens, l'intention originale d'ajouter un jardin d'hiver a été maintenue avec cette boîte vitrée au toit plat. Les lignes simples et nettes des espaces rénovés s'intègrent harmonieusement à la modernité.

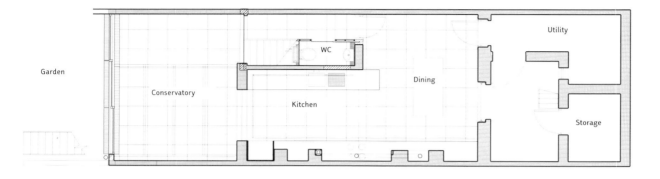

Garden

Conservatory

Kitchen

WC

Dining

Utility

Storage

Maison Lemoigne

Frédéric Gams
Conflans Sainte Honorine, France
Photography courtesy Frédéric Gams

Conflans Sainte Honorine is located in the Yvelines, 27 kilometres northwest of Paris. Completed in March 2005, this wooden extension is covered in Douglas fir. On the ground floor, the slightly elevated extension protrudes into the garden and is elevated on galvanised steel pillars. Stairs lead directly down from this extension to a small wooden terrace in the garden. A second volume is perched above the garage, also recognisable because of its pine cladding. Openings are calculated to offer the most interesting views possible and to bring light into the residence.
The addition of 58 square metres cost €83,890. Wrapping around the house in 'superposition and juxtaposition', the additions modernise the existing modest house and give it warmth, thanks to the use of wood.

Conflans-Sainte-Honorine est située dans le département des Yvelines, à 27 kilomètres au nord-ouest de Paris. Achevée en mars 2005, cette extension en bois est recouverte de sapin de Douglas. Au rez-de-chaussée, cette extension en sapin, légèrement surélevée par des piliers en acier galvanisé, fait saillie dans le jardin. Depuis la terrasse, un escalier permet d'accéder au niveau du jardin. Un second volume, également reconnaissable à son parement de sapin, est perché au-dessus du garage. Les ouvertures ont été calculées de façon à offrir les vues les plus intéressantes possibles et à faire entrer la lumière naturelle dans la résidence. L'adjonction de ces 58 mètres carrés a coûté €83 890. S'enroulant autour de la maison, en superposition et en juxtaposition, ces adjonctions modernisent la modeste maison et lui donne de la chaleur grâce à l'utilisation du bois.

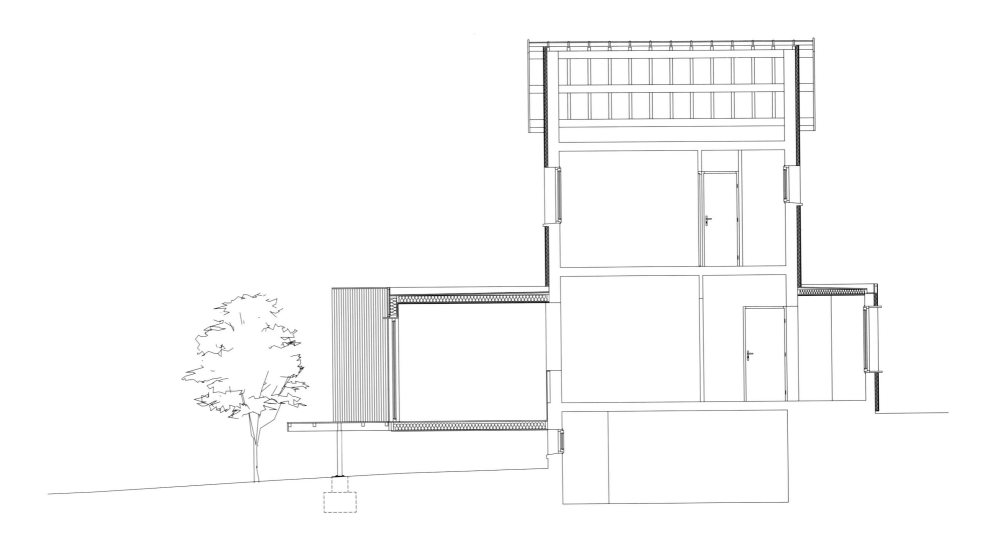

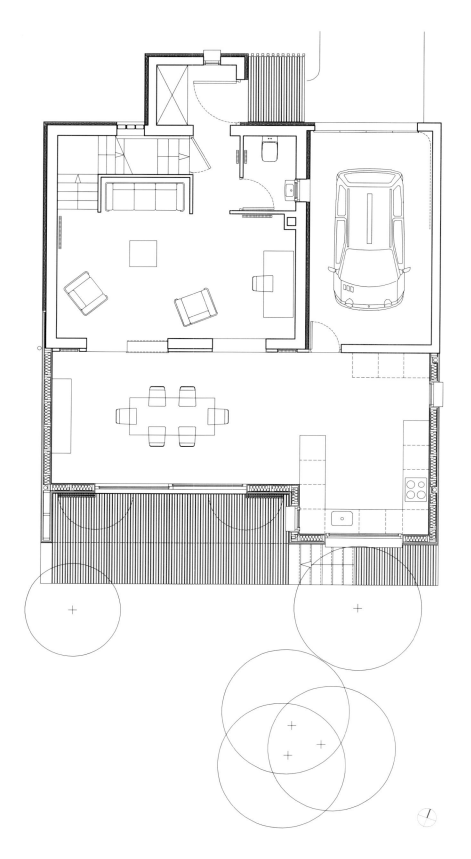

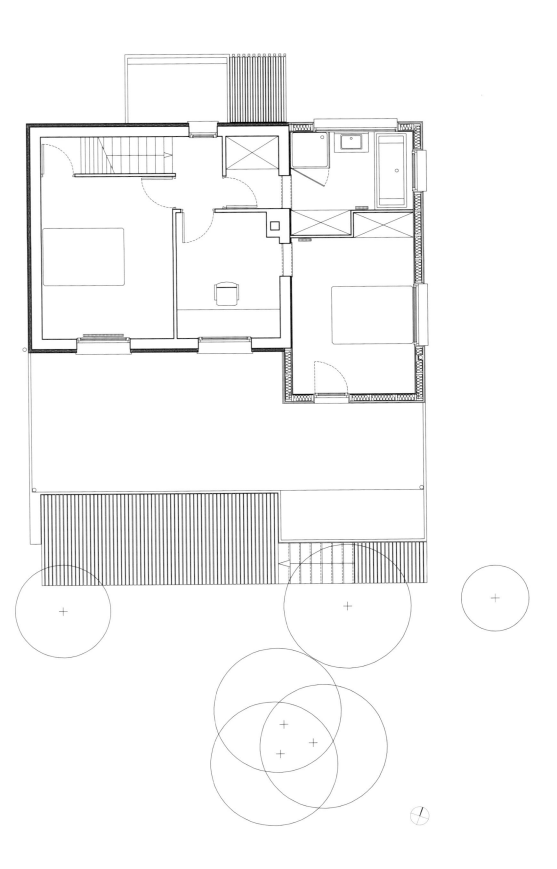

Mar Vista House

Daly Genik Architects
Santa Monica, California, USA
Photography by J. Scott Smith

Daly Genik created an addition to a small house in a post-War development in Mar Vista designed by Gregory Ain (1908–1988). Four freestanding 4.25-metre-tall concrete piers stand at the corners. The upper perimeter of the building is coated with a translucent polycarbonate-glazing screen that allows diffused light into the house to protect a collection of textiles. The wooden ceiling is finished with a layer of maple plywood that casts a soft reflected light into the living spaces. An integral steel shelving system gives depth to the formerly slender walls. The architects explain, 'The link between the existing house and the addition is marked by a pair of sliding plywood panels, which serve as a moveable display and a hanging textile storage, as well as privacy screens'. Some work was done with the landscape architect Garrett Eckbo, who had designed the original landscape for Ain's development. A reflecting pool at the foot of the east-facing wall was installed to cast morning sunlight onto the masonry walls. New patio surfaces extend the interior living areas into the garden.

Daly Genik a créé une adjonction à une petite maison faisant partie d'un lotissement d'après-guerre conçu à Mar Vista par Gregory Ain (1908–1988). Quatre piliers autoporteurs en béton de 4,25 mètres de haut forment les coins. Le périmètre supérieur du bâtiment est recouvert d'un écran de polycarbonate translucide qui fait entrer une lumière diffuse dans la maison, afin de protéger une collection de textiles. Le plafond de bois est recouvert d'une couche de contreplaqué en érable, qui reflète une lumière douce dans les espaces de séjour. Un système intégré de rayonnage en acier donne de la profondeur aux murs peu épais. Les architectes expliquent : « Le passage de la maison existante à l'extension se fait par deux panneaux coulissants en contreplaqué d'érable, qui peuvent servir à exposer des textiles ou tout simplement d'écrans de séparation ». Le paysagiste Garrett Eckbo, qui avait établit les plans originaux de l'architecture paysagiste du lotissement de Ain, a également participé au projet. Un bassin réfléchissant a été installé au pied du mur faisant face à l'est pour projeter la lumière matinale sur les maçonneries. Un nouveau patio prolonge les aires de séjour intérieures jusque dans le jardin.

McCarthy Residence

Stephen Varady Architecture
Sydney, New South Wales, Australia
Photography courtesy Stephen Varady Architecture

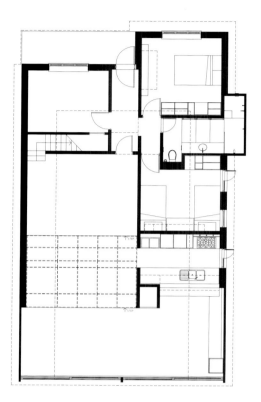

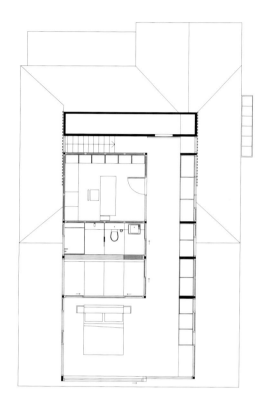

This bungalow was once occupied by Australian architect and Pritzker-prize winner Glenn Murcutt. In 1969, he designed an alteration/addition to the rear ground floor of this house in suburban Sydney. Varady states, 'The new owners' desire was to revitalise the ground floor with refurbishments to the bathroom, kitchen and bedrooms, and to add a private parents' bedroom suite on a new first floor'. Glass is the main material used in the new extension. Even the new courtyard floor is made of translucent glass, allowing natural light to enter the refurbished living room spaces below. Varady concludes, 'This project has successfully explored the potential of glass as a contemporary construction material'. Designed in 1998, and built in 2000, the project involved a floor area of 222 square metres and was budgeted at A$385,000.

Ce bungalow était autrefois occupé par Glenn Murcutt, architecte australien lauréat du Prix Pritzker. En 1969, il a créé une transformation/adjonction, au niveau du rez-de-chaussée, à l'arrière de sa maison dans la banlieue de Sydney. Varady déclare : « Les nouveaux propriétaires souhaitaient revitaliser le rez-de-chaussée en rénovant la salle de bains, la cuisine et les chambres à coucher, et ajouter une chambre avec salle de bains pour les parents dans un premier étage créé pour la circonstance ». Le verre est le matériau principal de cette nouvelle extension. Même le plancher de la nouvelle cour est fait de verre translucide, permettant à la lumière naturelle d'entrer dans les espaces de séjour rénovés du dessous. Varady conclut : « Ce projet a exploré avec succès le potentiel du verre comme matériau contemporain de construction ». Conçu en 1998 et achevé en 2000, ce projet a porté sur une superficie de 222 mètres carrés pour un budget de 385 000 dollars australiens.

Mitchinson Residence

Stephen Varady Architecture
Sydney, New South Wales, Australia

Photography courtesy Stephen Varady Architecture

'A modest single-storey Federation terrace front conceals an innovative two-storey four-bedroom house', explains Stephen Varady. 'This new design subverts the conventional terrace-house configuration by creating a spiral circulation path though the new house. With north to the front of the house, a courtyard was inserted into the centre of the plan to draw natural light and sunshine into the previously dark spaces at the rear of the house. The stair was positioned to face north so that it would also double as a light shaft, bringing the low winter sunshine into the rear kitchen and dining spaces'. White spaces requested by the client as a backdrop for artworks give way to a bright red stairway. A landing with a glass floor at the top of the stairs leads to two bedrooms separated by a clear glass wall. 'The overall design is a sculptural composition of intersecting forms', concludes Varady, 'and this is followed through with a composition of sculptural ceiling elements in the living/dining/kitchen space'.

« Une modeste maison fédération d'un seul étage à un niveau dissimule une maison peu ordinaire de deux étages contenant quatre chambres à coucher, explique Stephen Varady. Cette nouvelle conception bouleverse la configuration conventionnelle de la maison mitoyenne en créant un chemin de circulation en spirale à travers la nouvelle demeure. La façade de la maison faisant face au nord, une cour a été insérée en son centre pour faire parvenir la lumière naturelle et le soleil dans les espaces sombres de l'arrière. L'escalier a été positionné de façon à faire face au nord, afin de diriger les rayons du soleil bas d'hiver vers la cuisine et la salle à manger à l'arrière ». Les espaces blancs requis par le client pour servir de toile de fond à des œuvres d'art mènent à un escalier rouge vif. Un palier en verre en haut de l'escalier conduit à deux chambres séparées par un mur de verre transparent.
« L'ensemble de la conception est une composition structurale de formes s'entrecroisant, conclut Varady, qui se poursuit avec une composition d'éléments structuraux sur les plafonds de l'espace séjour/repas/cuisine ».

Mobile Home

Labics Architettura
Rome, Italy
Photography by Luigi Filetici

'Our clients', say the architects, 'requested a rather out-of-the-ordinary, custom home with flexible, open and dynamic spatial and functional characteristics – not unlike those of an American loft. This commission became an opportunity to re-imagine the house from the ground up, as a place accommodating the ever-changing functions and formalities that contemporary living implies. Located on the Via Flaminia, the €70,000 structure measures 100 square metres. Sliding transparent curtains and containers provide views through the space and allow for reorganisation depending on the family's needs. The bedrooms, bathrooms, living and dining areas and a study follow an east–west orientation, and therefore the progression of natural light'.

« Nos clients, disent les architectes, voulaient une maison sortant de l'ordinaire, faite sur mesures, avec des caractéristiques spatiales et fonctionnelles polyvalentes, ouvertes et dynamiques – un peu comme celles d'un loft américain ». Cette commande a été l'occasion de reconcevoir la maison de fond en comble, pour créer un endroit compatible avec les fonctions et formalités toujours changeantes de la vie contemporaine. Située sur la Via Flaminia, la structure de €70 000 a une superficie de 100 mètres carrés. Des rideaux et des conteneurs coulissants et transparents créent des vues à travers tout l'espace et permettent de réorganiser l'intérieur pour répondre aux besoins de la famille. Les chambres, les salles de bain, la salle de séjour, la salle à manger et un bureau sont orientés selon un axe est-ouest, suivant ainsi la progression de la lumière naturelle. »

One Up, One Down

William Tozer architecture & design
London, UK
Photography by Ed Reeve

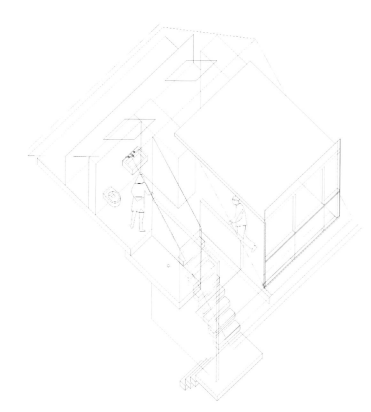

The architect added a lower ground floor and a loft level to a Victorian terrace house in London, and carried out an internal refurbishment for a cost of £225,000. Completed in 2005, the work involved 180 square metres. The architect says, 'The particularities of English housing stock and planning legislation mean that the bedroom roof extension is a ubiquitous form of architectural intervention and in this project the space assumes the character of a tree house or survey tower. The defensive character of the resulting architecture responds to traditional notions of the bedroom, while the opportunity for voyeurism evokes the fantasy of 'dreaming'. Simple, bright spaces are added to the house, giving it an air of modernity that does not appear to contradict its original character. The areas between the extensions were dealt with as 'fragments of a notional whole project of which the two additions are the primary components'.

L'architecte a ajouté un niveau en contrebas et un niveau grenier à une maison-terrasse victorienne de Londres, et a rénové l'intérieur de cette dernière, pour un coût total de £225 000. Achevés en 2005, les travaux ont portés sur 189 mètres carrés. L'architecte explique : « Les particularités du parc immobilier anglais et de sa législation en matière d'urbanisme font de l'extension du toit de la chambre à coucher une forme très répandue d'intervention architecturale et, dans ce projet, l'espace revêt le caractère d'une cabane dans un arbre ou d'une tour d'observation. Le caractère défensif de l'architecture qui en résulte est représentatif des notions traditionnelles en matière de chambre à coucher, et la possibilité de voyeurisme évoque la fantaisie du rêve ». Des espaces simples et clairs sont ajoutés à la maison, lui donnant un air de modernité qui ne semble pas contredire son caractère original. Les espaces entre les extensions ont été traités comme « des fragments d'un projet conceptuel d'ensemble dont les adjonctions sont les composantes les plus importantes ».

Open End

William Tozer architecture & design
London, UK
Photography courtesy William Tozer architecture & design

This large, 171-square-metre, £225,000 rear extension to an Edwardian detached house is located in the W5 area of London. The architect intentionally made an abstracted reference to the existing house while designing the neutral rectilinear container that serves to open the house towards its garden. Outdoor and indoor floor levels are continuous, highlighting the impression of spatial continuity. The architect further explains, 'In order to evoke the open-ended character of a building in construction, the articulation of the external doors gives the appearance of the absence of a component of the building'. When the doors are open, they permit a full-height opening of the kitchen space towards the garden, hence the name of the project. The project also involved a substantial refurbishment of the old house.

Cette grande extension de 171 mètres carrés, à l'arrière d'une maison indépendante d'époque Edouard VII dans le quartier W5 de Londres, a coûté £ 225 000. L'architecte a délibérément fait une référence détournée à la construction existante en concevant le conteneur neutre rectilinéaire qui sert à ouvrir la maison sur son jardin. Les niveaux de plancher extérieur et intérieur sont continus, faisant ressortir l'impression de continuité spatiale. L'architecte poursuit :
« Pour évoquer le caractère non limité d'un bâtiment en construction, l'articulation des portes extérieures donne l'impression qu'il manque un élément constitutif au bâtiment ». Quand les portes sont ouvertes, elles ouvrent la cuisine, dans toute sa hauteur, sur le jardin, d'où le nom du projet.
Le projet a également consisté à rénover en grande partie la vieille demeure.

Pace McEwin Residence

Stephen Varady Architecture
Sydney, New South Wales, Australia
Photography courtesy Stephen Varady Architecture

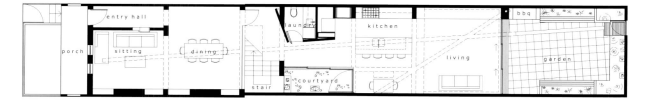

Completed in 2002, this project involved alterations and additions to an existing terrace house. A floor area of 170 square metres and 50 square metres of garden/courtyards were involved in the renovation, which cost A$292,500. The architect reveals that his inspiration was the black monolith seen in Stanley Kubrick's seminal film *2001: A Space Odyssey*. He says, 'In a similar way, the mysterious black beams float through this house, drawing the observer's attention from one source of light to the next – raising questions about function and meaning, they locate the occupant within this sculptural composition of spaces filled with magic, mystery and drama.' The design opens up the constrained existing terrace with a series of glass incisions – translucent glass walls, glass floors, glazed doors, skylights and clear glass light-shafts draw light and sunshine into the south-facing spaces at the rear. Even the courtyard walls reflect sunshine back into the new extension.

Achevé en 2002, ce projet consistait à transformer et à ajouter des extensions à une maison en terrasse. Une surface de plancher de 170 mètres carrés et 50 mètres carrés de jardin/cours ont été retravaillés à un coût de A$292 500. L'architecte révèle qu'il a été inspiré par le monolithe noir de 2001: l'odyssée de l'espace, le film précurseur du genre de Stanley Kubrick. Il dit : « D'une façon similaire, les mystérieuses poutres noires flottent à travers cette maison, attirant l'attention de l'observateur sur les différentes sources de lumière – évoquant des questions sur la fonction et la signification, elles situent l'occupant à l'intérieur de cette composition structurale d'espaces remplis de magie, de mystère et de drame ». Le plan ouvre la terrasse contrainte avec une série d'incisions en verre – murs de verre translucide, planchers de verre, portes vitrées, lanterneaux et conduits de lumière en verre transparent aspirent la lumière et les rayons du soleil dans les espaces de l'arrière, qui fait face au sud. Même les murs de la cour reflètent le soleil vers la nouvelle extension.

Parasite Las Palmas

Korteknie Stuhlmacher Architecten
Rotterdam, The Netherlands
Photography courtesy Korteknie Stuhlmacher Architecten

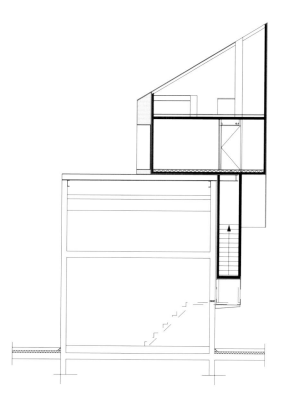

Located near the port on top of a building called Las Palmas, the odd, bright green object sitting on the elevator shaft of a former warehouse is in fact an 85-square-metre prototype house, designed in 2001 for the year of 'European Capital of Culture'. Curated by Mechthild Stuhlmacher and Rien Korteknie, the exhibition called *Parasites* presented designs for small-scale structures intended for unused urban sites. The Parasite aims to combine the advantages of prefabricated technology and the unique qualities of tailor-made design. The walls, floors and roof were made of laminated timber panels fabricated from scrap wood. The pre-assembled structure was built in just a few days. Untreated and uncovered interior surfaces complement the windows that forego frames in favour of fixed double-glazing and operable timber shutters. Left in place until 2005 when the Las Palmas building was due to be renovated, the Parasite is in storage, waiting for new uses and sites.

Situé près du port, en haut d'un bâtiment appelé *Las Palmas*, l'objet bizarre vert clair posé sur la gaine d'ascenseur d'un ancien entrepôt est en fait une maison prototype de 85 mètres carrés, conçue en 2001 pour l'année de la 'Capitale européenne de la culture'. L'exposition appelée Parasites, qui avait pour conservateurs Mechthild Stuhlmacher et Rien Korteknie, présentait des conceptions pour des petites structures destinées à des sites urbains non utilisés. Le but du Parasite est de combiner les avantages de la technologie du préfabriqué et les qualités uniques de ce qui est fait sur mesures. Les murs, les planchers et le toit étaient faits de panneaux de contreplaqué fabriqués à partir de retailles de bois. La structure préassemblée a été construite en l'espace de quelques jours. Des surfaces intérieures non traitées et non recouvertes complètent les fenêtres, qui ont renoncé aux encadrements en faveur de double vitrages fixes et de volets en bois manœuvrables. Le Parasite est resté en place jusqu'en 2005, quand le Las Palmas a dû être rénové. Il est actuellement en stockage, en attendant d'être utilisé sur de nouveaux sites.

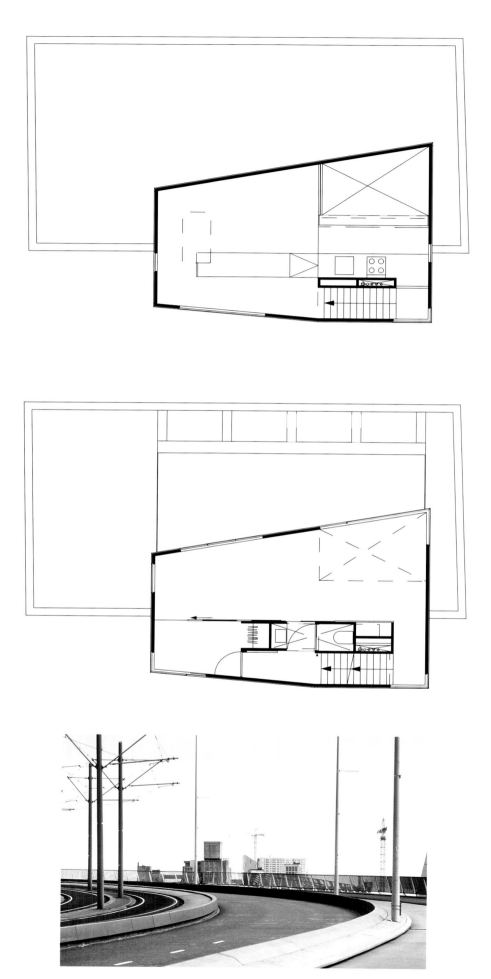

Pavilion

William Tozer architecture & design
London, UK

Photography courtesy William Tozer architecture & design

A 100-square-metre rear extension was added to this detached house. Completed in 2006, this was the second phase of William Tozer's work on this residence. The next phase will include a loft extension and internal refurbishment. A new kitchen and dining area leads into the pavilion extension that encloses a private external courtyard. At the rear wing of the existing house, a wall was removed in order to accommodate the extension and allow a terraced opening towards the back. Working with simple, clean surfaces, the architect comments, 'These spatial and visual manoeuvres create ambiguities of enclosure and openness, and construction and completion, which are reinforced by the use of concrete and exposed brickwork as surface finishes'.

Une extension arrière de 100 mètres carrés a été ajoutée à cette maison indépendante. Achevée en 2006, elle représentait la deuxième phase des travaux de William Tozer sur cette résidence. La phase suivante comprendra une extension de grenier et une rénovation de l'intérieur. Une nouvelle cuisine et une nouvelle salle à manger conduisent à l'extension pavillon, qui enclot une cour extérieure privée. A l'aile de derrière de la maison existante, un mur a été démoli pour faire place à l'extension et permettre une ouverture en terrasse sur l'arrière. Travaillant avec des surfaces simples et nettes, l'architecte remarque : « Ces manœuvres spatiales et visuelles créent des ambiguïtés de clôture et d'ouverture, et de construction et d'achèvement, qui sont renforcées par l'utilisation de béton et de briques apparentes pour les surfaces ».

Pedro Pedrazzini Studio Extension

Baserga Mozzetti
Lavertezzo, Switzerland
Photography by Stefano Mussio, Baserga Mozzetti

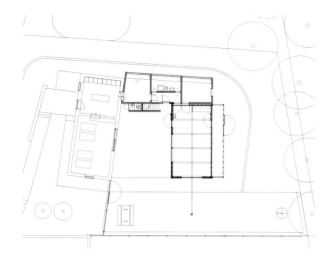

Between Locarno and Bellinzona in Lavertezzo Piano, sculptor Pedro Pedrazzini's studio is located between the main road and the forest. The architects retained the existing main structure, while an annexe was demolished. A concrete service core is linked to an essentially wooden structure with a large open space for the sculptor to work in. A large opening to the north brings ample daylight into the space. A full-height door facilitates the movement of heavy sculptures when a crane is used. A wooden storage volume was added to the studio's south façade. As the architects say, 'The articulation of the new volumes is a manifestation of our desire to characterise the exterior as a working area and as an exhibition space'. The old studio near the road will become a permanent, public exhibition area and the terrace above the service core is also intended for outdoor exhibitions.

Entre Locarno et Bellinzona à Lavertezzo Piano, le studio du sculpteur Pedro Pedrazzini est situé entre la route principale et la forêt. Les architectes ont conservé la structure principale et ont démoli une annexe. Un noyau de service en béton est relié à une structure, faite essentiellement de bois, formant un grand espace ouvert dans lequel travaille le sculpteur. Une grande ouverture vers le nord fait entrer assez de lumière dans l'espace. Une porte pleine hauteur facilite les déplacements des sculptures massives au moyen d'une grue. Un volume de stockage en bois a été ajouté à la façade sud du studio. Comme le disent les architectes : « L'articulation des nouveaux volumes est une manifestation de notre désire de définir l'extérieur comme une aire de travail et comme un espace d'exposition ». L'ancien studio près de la route deviendra une aire d'exposition publique permanente, et la terrasse au-dessus du noyau de service est également destinée à des expositions de plein air.

Phinney Ridge House

Blip Design
Seattle, Washington, USA
Photography by Art Grice

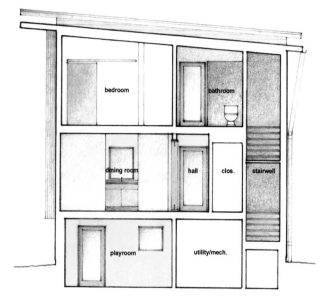

Jim Burton writes, 'The architect undertook this design/build/development project in order to develop an alternative to the typical housing offered by area builders, and to address what he believes is a significant, but currently under-served market for modern, "green" spec homes'. This project involved opening the first floor, adding a second floor, raising the ceiling height in the basement and completing a seismic upgrade of an existing 264-square-metre house. Radiant floor heat, reclaimed wood for exposed beams and posts, preparation of the conduits necessary for the use of photovoltaic arrays and numerous other interventions on the part of the architect – again including the basic decision not to demolish and rebuild – mean that this house is as ecologically responsible as possible. The architect proudly states that the house was sold two days after completion for a price higher than market values in the neighbourhood.

Jim Burton a écrit : « L'architecte a entrepris ce projet de plan/construction/développement afin de mettre au point une solution différente du type de maison généralement proposé par les entrepreneurs locaux, et de s'attaquer à ce qu'il pense être un marché important, mais actuellement négligé, pour des maisons modernes 'vertes' ». Ce projet consistait à ouvrir le premier étage, ajouter un deuxième étage, relever la hauteur du plafond du sous-sol et réaliser une mise à niveau sismique d'une maison existante de 264 mètres carrés. Un chauffage radiant du sol, du bois recyclé pour les poutres et les poteaux apparents, la préparation des conduits nécessaires à l'utilisation des générateurs photovoltaïques et de nombreuses autres interventions de la part de l'architecte – y compris la décision de ne pas démolir pour reconstruire – font que cette maison est aussi écologique que possible. L'architecte a déclaré fièrement que la maison s'est vendue deux jours après l'achèvement des travaux à un prix supérieur à la valeur du marché dans le voisinage.

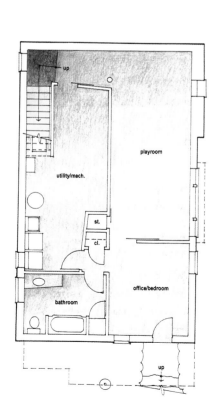

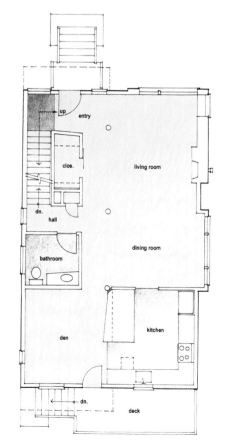

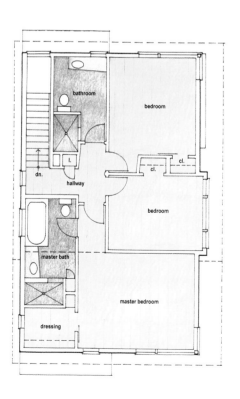

Podere 43

Labics Architettura
Maremma, Italy

Photography by Luigi Filetici

Podere 43 is one of 45 identical farmhouses developed in the late 1930s. The architects converted one of these properties into a country home. The clients wanted the house to become a reference point, or a meeting and gathering place for their friends and relatives rather than a vacation home. The image of the hearth, enriched by its connotation of community, served as a starting point for researching the physical and symbolic nature of space. The living room, which occupies almost the entire first floor of the house and the former barn, is the main space for activity and socialising. In this part of the house, the architects created open areas and a smooth transition to foster a sense of communal living, while the bedrooms on the second floor allow intimacy and privacy. The house was designed with three functionally independent central cores: a farmhouse, a barn and a tool shed. The architects dealt with each of the existing structures differently, blurring the distinction between confined and expansive spaces, and between the built environment and the landscape.

Podere 43 est l'une de 45 fermes identiques construites à la fin des années 1930. Les architectes ont converti cette propriété en maison de campagne. Les clients voulaient que la maison soit un point de référence, un endroit de rencontre et de rassemblement pour leurs amis et leur famille, plutôt qu'une maison de vacances. L'image de l'âtre, enrichi par sa connotation de communauté, sert de point de départ pour la recherche de la nature physique et symbolique de l'espace. La salle de séjour, qui occupe presque tout le premier étage de la maison et de l'ancienne grange, est le principal lieu d'activité et de relations sociales. Dans cette partie de la maison, les architectes ont créé des aires ouvertes et une transition fluide pour favoriser un sens de la vie communautaire, alors que les chambres du deuxième étage permettent de se retirer dans l'intimité. La maison a été conçue autour de trois noyaux fonctionnels, centraux et indépendants : une ferme, une grange et une remise à outils. Les architectes se sont attaqués à chacune de ces structures de façon différente, estompant la distinction entre espace confiné et espace expansible, et entre environnement construit et paysage.

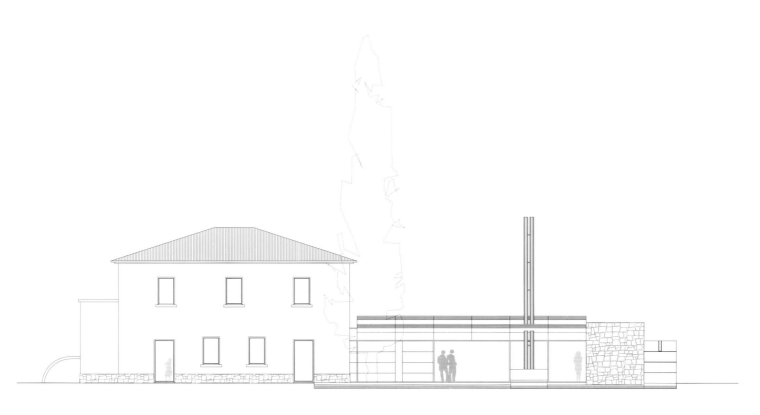

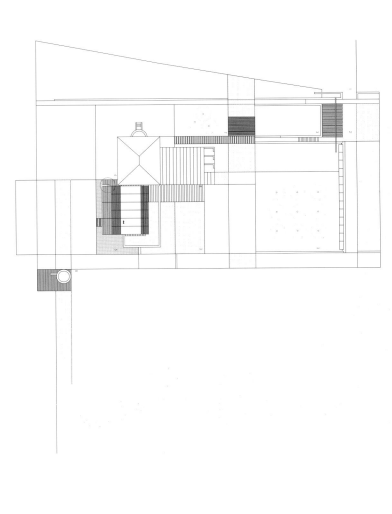

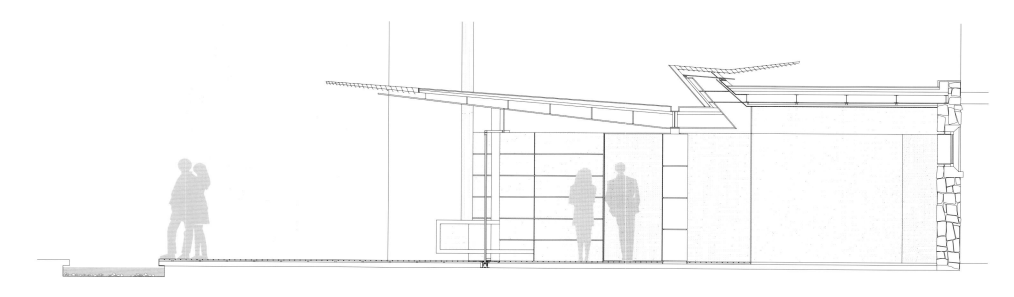

Point Piper House

Louise Nettleton
Point Piper, New South Wales,
Australia

Photography by Brett Boardman

Louise Nettleton gives the background for this ambitious project: 'The original house was designed by Modernist architect Hugh Buhrich and completed in 1961. When we commenced work, the house had been vacant for two years. It was riddled with concrete cancer, leaked badly in several places and had little or no north light internally at each level. The main objective was to maintain the most dramatic elements of the original Buhrich building, the cantilevering living room and splayed terrace, with their slender concrete columns. This objective was to work in with accommodating a family of four and their visiting grandparents'. A steel and zinc box contains the main bedroom, while a new central courtyard with a fishpond brings north light into each level. Unexpectedly, this renovation reduced the floor area of the house rather than increasing it. As the architect says, 'The concept was to deliver to the client a building of light, transparency and cross-flow ventilation, features that the existing building lacked'.

Louise Nettleton nous fait l'historique de cet ambitieux projet : « Les plans de la maison originale, achevée en 1961, avaient été établis par l'architecte moderniste Hugh Buhrich. La maison était inoccupée depuis deux ans lorsque nous avons commencé le travail. Elle était rongée par le cancer du béton, avait de sérieuses fuites en plusieurs endroits et avait peu ou pas de lumière du nord à chacun de ses étages. L'objectif principal était de conserver les éléments les plus remarquables qu'avait introduits Buhrich, la salle de séjour en porte-à-faux et la terrasse chanfreinée avec leurs minces colonnes de béton. Il fallait faire en sorte que la maison puisse loger une famille de quatre personnes, et les grands-parents lors de leurs visites ». Une boîte en acier et en zinc contient la chambre à coucher principale, alors qu'une nouvelle cour intérieure avec bassin à poisson apporte la lumière du nord à tous les étages. Contre toute attente, les rénovations ont réduit, au lieu d'augmenter, la surface au sol. L'architecte explique : « L'idée était de présenter au client un bâtiment de lumière, de transparence et de ventilation à écoulement d'air transversal, éléments qui manquaient dans la maison existante ».

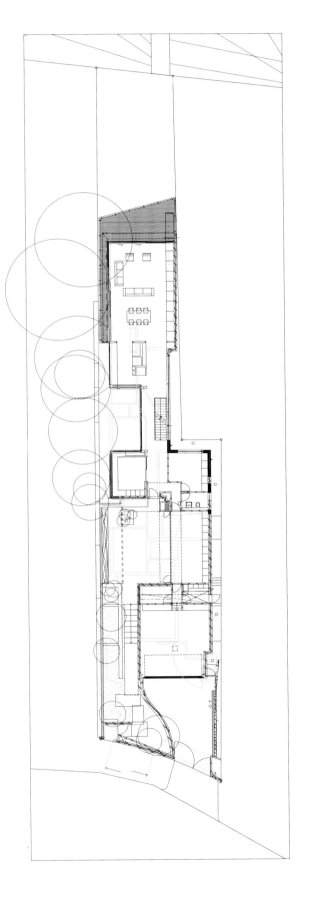

Port Melbourne House

Adam Dettrick Architect
Melbourne, Victoria, Australia
Photography by Derek Swallwell

This extremely small, 90-square-metre site was hidden behind a 19th-century heritage façade in Port Melbourne. Behind this façade, a new two-storey residence was created, which opens upwards to the sky with large roof windows for light and ventilation. A periscope shaft above the shower brings light into the bathroom. As the architect states, 'The main concept was to transform the tiny, claustrophobic interior into a dramatically larger space. The smallness of the site and heritage restrictions meant this transformation could not be done by a simple extension alone. Instead, the old 19th-century single-fronted layout was replaced with a new spatial organisation. This dramatically increased the amenity, efficiency and spaciousness of the house, while satisfying the client's need for the perception of privacy and security. Living areas were repositioned at the widest part of the site to maximise their sense of space'.

Ce site, extrêmement petit, de 90 mètres carrés était caché derrière une façade classée du XIXe siècle à Port Melbourne. Derrière cette façade a été créée une nouvelle résidence à deux niveaux, qui s'ouvre sur le ciel par le biais de grandes fenêtres découpées dans le toit pour l'éclairage et la ventilation. Un fût de périscope au-dessus de la douche fait entrer la lumière dans la salle de bain. Comme l'affirme l'architecte : « Le concept principal était de transformer ce minuscule intérieur claustrophobe en un espace radicalement plus grand. A cause de la petitesse du site et des restrictions imposées par le bâtiment classé, la transformation ne pouvait se faire au moyen d'une seule extension. A la place, l'agencement de la vieille façade du XIXe siècle a été remplacé par une nouvelle organisation spatiale. Ceci a considérablement augmenté le charme, le caractère rationnel et les dimensions de la maison, tout en répondant aux besoins perçus par le client en matière de vie privée et de sécurité. Les aires de séjour ont été repositionnées dans la partie la plus large du site afin de maximiser leur sens de l'espace ».

Priddle House

Chris Elliott Architects
Sydney, New South Wales, Australia
Photography by Walter Glover

Chris Elliott added a living room, kitchen, dining room, study and laundry to the rear of a house in the northern suburbs of Sydney. Plans call for the future addition of a new attic bedroom within the roof of the old house and a large timber deck to be created above the living room. Elliott explains, 'The project is conceived as two simple contrasting objects – a glass box that intersects with a masonry box.' The glass box contains the living room, with a pyramidal glass skylight, while the kitchen and dining room are in the masonry block. Considerable efforts were made to open the extension towards the rear garden. The existing house was gutted and completely refurbished in the course of the work. Existing foundation stones and brickwork are highlighted and incorporated into the new design. Working with a relatively modest budget, the architect used conventional construction comprising of cavity brickwork, rendered and painted with timber floors and plasterboard ceilings. The ground floors are concrete slabs, while the upper floors and roofs are timber framed.

Chris Elliott a ajouté une salle de séjour, une cuisine, une salle à manger, un bureau et une buanderie à l'arrière de cette maison dans la banlieue nord de Sydney. Les plans prévoient l'aménagement futur d'une chambre sous le toit de la maison existante et l'adjonction d'une grande terrasse en bois au-dessus de la salle de séjour. Elliott explique : « Le projet consiste en deux objets simples mis en contraste – une boîte de verre entrecoupant une boîte de maçonnerie ». La boîte de verre, pourvue d'un lanterneau pyramidal, contient la salle de séjour, et le bloc maçonnerie la cuisine et la salle à manger. De grands efforts ont été déployés pour ouvrir l'extension sur le jardin arrière. L'intérieur de la maison a été complètement vidé puis remis à neuf au cours des travaux. Les pierres de fondation et les briques d'origine sont mises en valeur et incorporées dans le nouveau projet. Disposant d'un budget relativement modeste, l'architecte a utilisé des matériaux de construction conventionnels comprenant des briques creuses enduites et peintes, des planchers en bois et des plafonds en plaques de plâtre. Les planchers du rez-de-chaussée sont des dalles de béton et ceux de l'étage et du grenier sont en bois.

Protho House

PageSoutherlandPage
Dallas, Texas, USA

Photography by Timothy Hursley

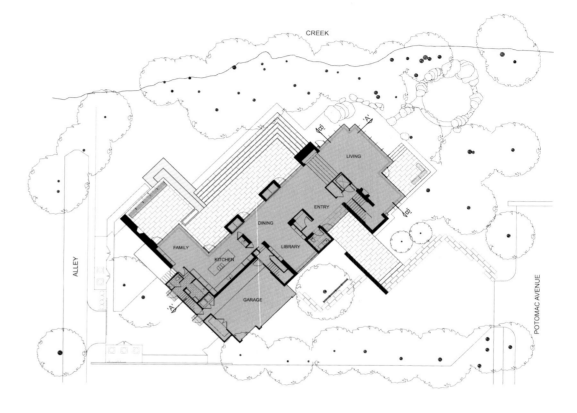

As the architect Lawrence Speck explains, 'This project involved a very thorough renovation and addition to a 1970's house originally designed by noted Dallas architect, Bud Oglesby. Not being one of Bud's finer works, the owner and architect still were loathe to demolish it, so the house's renovation became a kind of joint effort between old and new architects. Oglesby's impact came from the grave via the bones of the house he left. We added new flesh and blood'. Located not far from downtown Dallas, the site includes a large green space and mature trees. The original house was quite dark and closed in. In the course of renovation, the exterior cladding, windows and both ends of the house were removed. The section on the side of Turtle Creek was removed and replaced with a glazed volume; at the opposite side, a single-storey wing containing a family room and outdoor room was added. Limestone and stainless steel are contrasted in the main stairway, and French limestone is used for countertops and bathrooms.

Comme l'explique l'architecte Lawrence Speck : « Ce projet consistait à rénover complètement une maison conçue dans les années 1970 par Bud Oglesby, éminent architecte de Dallas, et à y adjoindre une extension. Bien que cette maison ne soit pas l'une des œuvres les plus remarquables de Bud, le propriétaire et l'architecte répugnaient tout de même à la faire démolir, et la rénovation s'est traduite par une sorte d'effort conjugué entre l'ancien et le nouvel architectes. L'influence d'Oglesby s'est fait sentir au travers du squelette de la maison qu'il avait laissée après sa mort. Nous y avons ajouté une nouvelle chair et du nouveau sang ». Situé non loin du centre de Dallas, le site comprend un grand espace vert et des arbres matures. La maison originale était très sombre et renfermée sur elle-même. Le parement extérieur, les fenêtres et les deux extrémités de la maison ont été enlevés lors de la rénovation. La section du côté de Turtle Creek a été retirée et remplacée par un volume vitré, en face duquel a été ajouté une aile à un niveau contenant une salle familiale et une pièce extérieure. Le calcaire et l'inox se font contraste dans l'escalier principal, et du calcaire français a été utilisé pour les surfaces de préparation de la cuisine et les salles de bains.

Rue de la Chapelle House

Doray Michelson
Paris, France

Photography Arnaud Rinuccini

The high cost of real estate in Paris has led many to use warehouses, garages, or ground-level spaces formerly occupied by shops and convert them into residences that may be difficult to inhabit. In this instance, the space used was a 160-square-metre warehouse that had been squeezed into a courtyard. Rather than converting this warehouse into an open loft space, the architect opted to demolish most of it and rebuild. This unexpected decision was taken despite the difficult access to the worksite and the lack of exterior views. The new plan was developed around a 6 x 6-metre patio that, together with overhead windows, brings light into the house. Vladimir Doray writes, 'The patio is the last element in an architectural sequence that begins in the very noisy Rue de la Chapelle. The general entrance to the building is succeeded by a glazed passage leading to an introverted space whose qualities are radically opposed to its context'. Using standard materials and working for 18 months on site, the architect supervised the entire process, from design to construction.

Le prix élevé de l'immobilier à Paris a conduit beaucoup à convertir des entrepôts, des garages ou des rez-de-chaussée anciennement occupés par des boutiques en résidences de logement difficile. Dans le cas considéré, l'espace utilisé était un entrepôt de 160 mètres carrés qui avait été inséré dans une cour. Plutôt que de convertir cet entrepôt en un loft ouvert, l'architecte a préféré en démolir la plus grande partie et reconstruire. Cette décision inattendue a été prise malgré l'accès difficile au chantier de construction et l'absence de vues sur l'extérieur. Le nouveau plan avait pour base un patio de 6 mètres sur 6 qui, avec ses fenêtres surélevées, fait rentrer la lumière dans la maison. Vladimir Doray écrit : « Le patio est le dernier élément d'une séquence architecturale qui commence dans la très bruyante rue de la Chapelle. L'entrée principale du bâtiment se poursuit par un passage vitré conduisant à un espace replié sur lui-même et dont les qualités sont en totale contradiction avec son contexte ». Utilisant des matériaux standards et travaillant 18 mois sur le site, l'architecte a dirigé toute l'opération, de l'élaboration du plan aux travaux de construction.

Rue Payenne Apartment

Pablo Reinoso
Paris, France
Photography courtesy Pablo Reinoso

Pablo Reinoso is best known as an artist and an industrial designer, but in this instance, he acted as an architect, renovating an 18th-century apartment in the Marais district of Paris. Set on the fourth and fifth storeys of the building, the 110-square-metre residence looks out on the historic roofscape of the Marais. The lower floor was opened up, numerous dividing walls were removed and seven new windows were added on the street side. The previously hidden oak structure of the roof was made visible, and oak was selected for the floors, stairway and reinforcement of the central pillar. Indian palisander was used for the mezzanine's balustrade. The walls facing the street were rebuilt using local finishes. The slate roofs typical of the area justified the choice of the same stone for the bathroom floors.

Pablo Reinoso est mieux connu comme artiste et *designer* industriel, mais dans le cas présent, il a fait fonction d'architecte en rénovant un appartement du XVIIIe siècle dans le quartier du Marais à Paris. Sise aux quatrième et cinquième étages du bâtiment, cette résidence de 110 mètres carrés offre une vue sur les toits historiques du Marais. Le niveau inférieur a été ouvert, de nombreux murs de séparation enlevés et sept nouvelles fenêtres ajoutées côté rue. La structure en chêne du toit, qui était cachée auparavant, a été rendue visible, et le chêne a été choisi comme matériau pour les planchers, l'escalier et le renforcement du pilier central. Du palissandre indien a été utilisé pour la balustrade de la mezzanine. Les murs côté rue ont été reconstruits en utilisant des enduits finition locaux. Les toits en ardoise, caractéristiques du quartier, ont justifiés l'utilisation de la même pierre pour le sol des salles de bains.

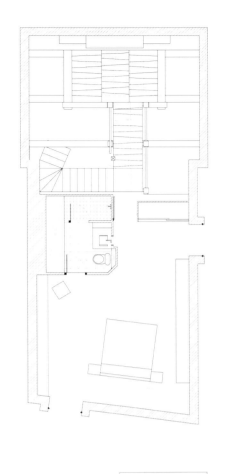

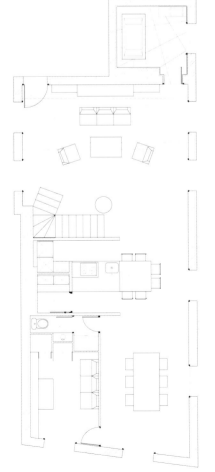

RVB Building

Van Belle & Medina
Essen, Belgium

Photography courtesy Van Belle & Medina

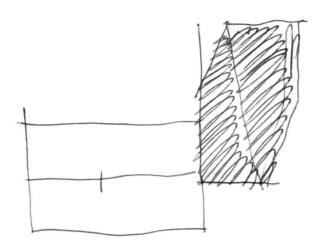

In this typical Flemish development with detached houses, the architects have created an usual 200-square-metre extension that serves as an office. By bending local building regulations slightly, they created a contemporary form in an area where architectural quality is the exception rather than the rule. As the architects say, 'The new building will be used as an office, with the possibility to redefine the floor plan for other uses in the future. The spaces are neutral volumes that guarantee the flexibility of the building; the floor plan is reduced to the essentials. In the middle of the volume, a staircase surrounded by two walls divides the floor plan into four equal volumes, keeping circulation to a minimum. The void near the entrance defines the spatial quality of this complex volume. Concrete was chosen as the main structural material. This solid material with its own texture materialises the volume as an object, the windows being the only elements of expression. The views of the surrounding garden and landscape are accentuated throughout the day'.

Dans ce lotissement typiquement flamand de maisons indépendantes, les architectes ont créé une extension courante de 200 mètres carrés servant de bureau. En faisant une légère entorse à la réglementation locale en matière de construction, ils ont créé une forme contemporaine dans un quartier où la qualité architecturale constitue une exception à la norme. Les architectes : « La nouvelle construction servira de bureau, mais pourra être convertie pour d'autres usages dans le futur. Les espaces sont des volumes neutres qui garantissent l'adaptabilité de la construction ; le plan d'étage est réduit au strict minimum. Au milieu du volume, une cage d'escalier entourée par deux murs divise le plan d'étage en quatre volumes égaux, maintenant la circulation à un minimum. Le vide près de l'entrée définie la qualité spatiale de ce volume complexe. Le béton a été choisi comme principal matériau de structure. Ce matériau solide, avec une texture qui lui est propre, matérialise le volume en un objet, les fenêtres étant les seuls éléments d'expression. L'attention est attirée sur le jardin et le paysage environnant tout au long de la journée ».

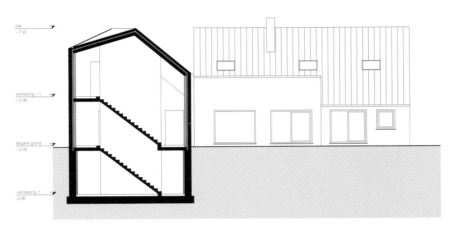

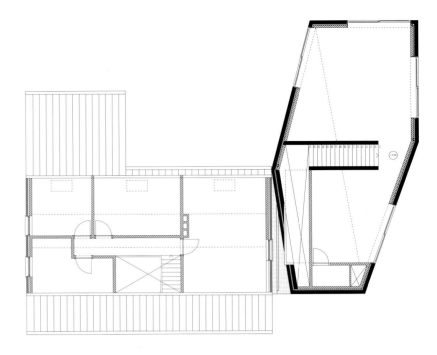

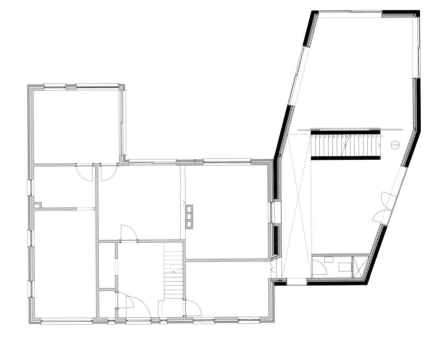

Schwartz House

Sanya Polescuk Architects
London, UK

Photography courtesy Sanya Polescuk, Frederic J. Schwartz

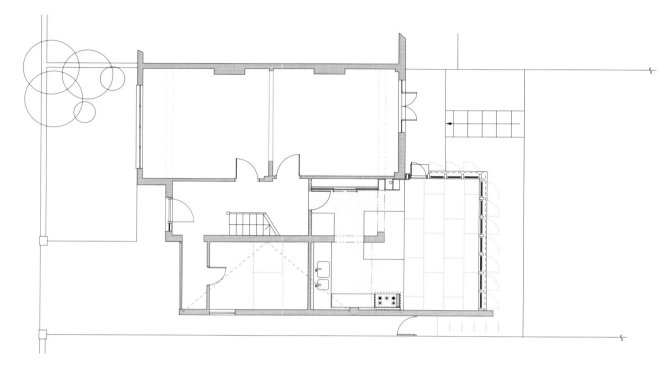

Sanya Polescuk added 48 square metres to a 1930's semi-detached structure located in Muswell Hill, North London. The work was undertaken in a period of 24 weeks between September 2000 and February 2001. As she says, 'A strong desire by the clients to have something unique, and a family link to both the cedar homes of Massachusetts and the clean timber homes of Scandinavia drew us to build this entirely wooden extension. The structure is stressed plywood and the regularity of the bays is read through the glazed curtain wall interrupted only by structural columns. The design required only a small building crew of two full-time carpenters and occasional contributions from an electrician, plumber and bricklayer. The budget dictated a novel approach and the costs were kept down by leaving interior finishes in varnished birch ply'. With its continuous band of angled windows, the extension offers a bright interior, even in grey London weather.

Sanya Polescuk a ajouté 48 mètres carrés à une structure jumelée datant des années 1930 et située à Muswell Hill, dans le nord de Londres. Les travaux se sont étalés sur une période de 24 semaines, de septembre 2000 à février 2001. Elle décrit le projet : « Le fort désire des clients d'avoir quelque chose d'unique et une famille ayant à la fois des liens avec les maisons de cèdre du Massachusetts et les maisons en bois propres de Scandinavie nous ont conduits à construire cette extension faite entièrement de bois. La structure est en contreplaqué renforcé et la régularité des baies se lit au travers du mur-rideau vitré, qui n'est interrompu que par les colonnes structurales. Les travaux n'ont nécessité que l'intervention d'une petite équipe de deux charpentiers, avec l'éventuelle contribution d'un électricien, d'un plombier et d'un maçon. Le budget a imposé une méthode d'approche inhabituelle, et les coûts de construction ont été contenus en laissant la finition des intérieurs en contreplaqué de bouleau verni ». Avec sa bande continue de fenêtres inclinées, l'extension offre un intérieur lumineux, même dans la grisaille du climat londonien.

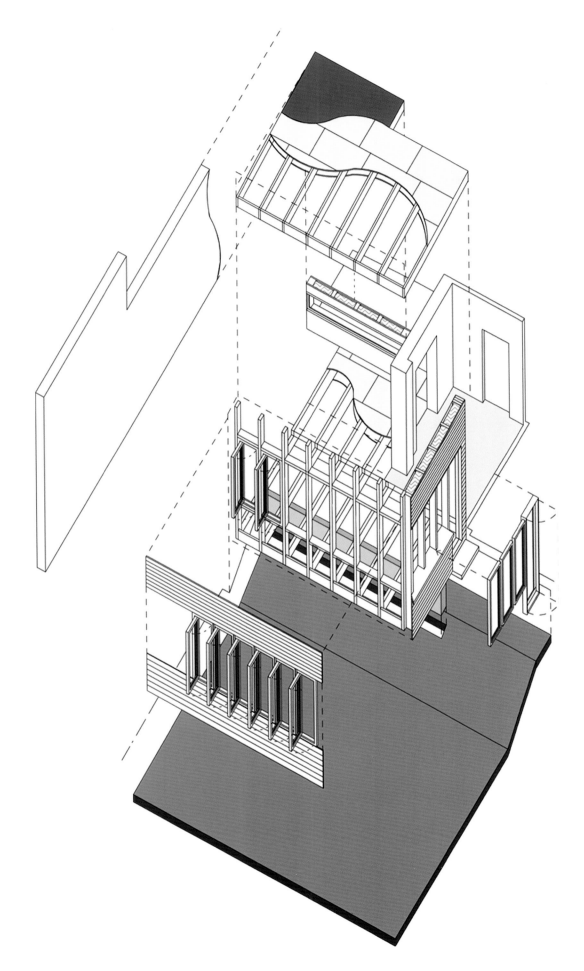

Seer House

Haack + Höpfner . Architekten
Freimann, Munich, Germany
Photography by Johann Hinrichs

Located north of Munich, just 50 metres from the eight-lane Salzburg highway, this 1950's house became too small for a family of four. The owners also required a home office. The architects added 41 square metres to the house as well as a 21-square-metre terrace for a cost of €100,000. A lightweight wooden structure was set near the existing semi-sunken garage, creating an office and new entrance. The building volume was intended to shield the terrace from the noise of the highway. According to the architects, 'The structure of the extension responds to the old façade and gives a structural rhythm and proportion to the whole. Thus the old and new buildings relate to each other despite different designs and materials.' Ground floor spaces were reorganised so that all living areas benefit from southern exposure and a lake view. Large windows were added to the east and west. A glass connection with a skylight creates the transition from the old house to the new area.

Située au nord de Munich, à tout juste 50 mètres de l'autoroute à 8 voies de Salzbourg, cette maison des années 1950 était devenue trop petite pour une famille de quatre. Les propriétaires avaient également besoin d'un bureau à domicile. Les architectes ont ajouté 41 mètres carrés à la maison, ainsi qu'une terrasse de 21 mètres carrés, pour un coût de €100 000. Une structure légère en bois a été montée près du garage à moitié en contrebas, créant un bureau et une nouvelle entrée. Le volume de la construction était destiné à protéger la terrasse des bruits de l'autoroute. Selon les architectes : « La structure de l'extension tient compte de la vieille façade et donne un rythme et une proportion structurale à l'ensemble. Le bâtiment d'origine et la nouvelle construction sont ainsi mis en rapport, malgré les différences de conception et de matériaux ». Le rez-de-chaussée a été réorganisé pour que tous les espaces de séjour bénéficient de l'exposition au midi et d'une vue sur le lac. Des fenêtres de grande taille ont été ajoutées à l'est et à l'ouest. Une connexion de verre avec un lanterneau fait la transition entre l'ancienne maison et le nouvel espace.

Semi-Detached

William Tozer architecture & design
Tunbridge Wells, Kent, UK

Photography courtesy William Tozer architecture & design

The architect added large 127-square-metre rear and roof extensions to this semi-detached house. The budget was £88,000 and the project was completed in 2005. Explaining his work in practical terms, the architect writes, 'New oak floorboards in the ground floor extension link the internal spaces with the pine decking to the garden. White cement render and plaster work are the predominant materials of the interior and exterior, while the zinc cladding and timber balustrade mirror the soffit flashing detail and sliding doors of the ground-floor extension. The kitchen units have a white melamine finish with Corian worktops, and are integrated into the wall to the utility room and WC. The joinery wall to the living and dining spaces has a matching white spray-painted finish and incorporates fluorescent strip lights to the plinth and bulkhead'.

L'architecte a fait de grandes extensions, d'une superficie totale de 127 mètres carrés, à l'arrière et sur le toit de cette maison jumelée. Il disposait d'un budget de £88 000 et a terminé le projet en 2005. Décrivant son travail en termes concrets, l'architecte écrit : « Des planchers neufs en chêne au rez-de-chaussée de l'extension relient les espaces intérieurs au platelage en pin du jardin. Les renformis en ciment blanc et les plâtrages dominent à l'intérieur et à l'extérieur, alors que le parement en zinc et la balustrade en bois reflètent les noues des soffites et les portes coulissantes de l'extension du rez-de-chaussée. Les éléments de cuisine ont une finition en mélamine blanche avec des plans de travail en Corian, et sont intégrés dans le mur de la buanderie et des toilettes. Le mur menuisé de la salle de séjour et de la salle à manger a été peint au pistolet d'un blanc assorti et comporte une rampe d'éclairage fluorescent au niveau de la plinthe et une au niveau du plafond incliné ».

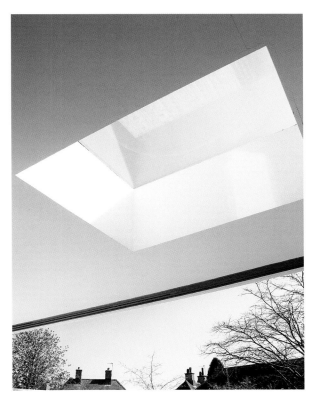

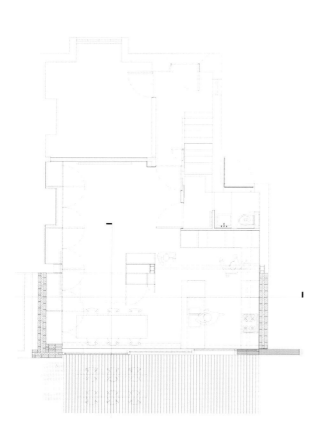

SECOND FLOOR

FIRST FLOOR

GROUND FLOOR

Solar Umbrella

Pugh + Scarpa Architecture
Venice, California, USA
Photography by Marvin Rand

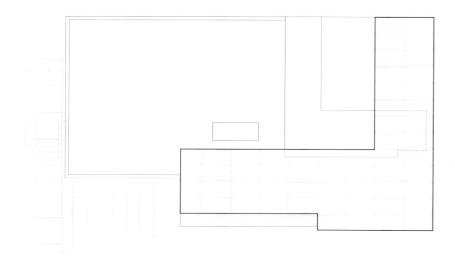

Paul Rudolph's 1953 Umbrella House inspired this renovation and 116-square-metre extension of a 60-square-metre bungalow. Designed for the architects and their child, it is based on a contemporary reinvention of the solar canopy – a strategy that provides thermal protection in climates with intense exposures. Many passive and active sustainable living solutions were used, while achieving a rich and interesting sensory and aesthetic experience. Solar panels mark the south elevation and roof, defining the formal expression of the residence. As Angela Brooks and Lawrence Scarpa explain, 'Conceived as a solar canopy, these panels protect the building from thermal heat gain by screening large portions of the structure from direct exposure to the intense Southern California sun. Instead of deflecting sunlight, this state-of-the-art solar skin absorbs and transforms it into usable energy, providing the residence with 100 percent of its electricity. Like many design features of the Solar Umbrella, the solar canopy is multivalent and rich with meaning, performing several functional, formal and experiential roles'.

La *Umbrella House* de Paul Rudolph, construite en 1953, a servi de modèle pour cette rénovation d'un bungalow de 60 mètres carrés et l'extension de 116 mètres carrés qui y a été adjointe. Conçue pour les architectes et leurs enfants, cette résidence est fondée sur une réinvention contemporaine du toit solaire – une stratégie qui procure une protection thermique dans les climats fortement exposés aux éléments. De nombreuses solutions, passives et actives, de logement viable ont été mises en place, tout en créant une expérience sensorielle et esthétique à la fois riche et intéressante. Des panneaux solaires forment l'élévation sud et le toit, délimitant l'expression formalisée de la résidence. Angela Brooks et Lawrence Scarpa s'expliquent : « Conçus pour servir de toit solaire, ces panneaux abritent le bâtiment de l'accumulation de chaleur en protégeant de grandes portions de la structure de l'exposition directe à l'intense soleil sud californien. Au lieu de dévier les rayons du soleil, cette enveloppe solaire ultramoderne les absorbent et les transforment en énergie utilisable, qui fournit 100 pour cent de l'électricité de la résidence. Tout comme son modèle, la Solar Umbrella, le toit solaire est polyvalent et riche de signification, remplissant plusieurs rôles – fonctionnel, formel et expérientiel ».

St Andrews House

Robert Simeoni Architects
Sydney, New South Wales, Australia
Photography courtesy Robert Simeoni Architects

The architect worked with an 1850's sandstone house that had a 1940's addition along its south side. Interior plaster was removed, exposing the original stone blocks. Most of the work was carried out in the southern addition, beginning with the demolition of an existing kitchen and bathrooms. Working with a restricted budget (A$200,000), Robert Simeoni created a new kitchen/bathroom wing at ground level and a study with a bathroom on the first floor. He explains, 'This was the third project undertaken by us for these clients and it became part of a continuing architectural dialogue that facilitated our investigation of the existing house and the possibilities for its renovation. The existing house was renovated using traditional materials and finishes – thereby emphasising the new work as an intervention within the existing "traditional" building'.

L'architecte a travaillé sur une maison en pierres de taille datant des années 1850 à laquelle on avait adjoint une extension, dans les années 1940, le long de sa face sud. Les plâtres intérieurs ont été enlevés pour mettre à jour les pierres de taille. La plupart des travaux ont été effectués dans l'adjonction sud, et ont commencé par la démolition de la cuisine et des salles de bains. Disposant d'un budget restreint (A$200 000), Robert Simeoni a créé une nouvelle aile pour la cuisine et la salle de bains au rez-de-chaussée et un bureau avec salle de bains au premier étage. Il explique : « C'était le troisième projet que nous exécutions pour ces clients, et ça s'est transformé en un dialogue architectural continu qui a facilité notre étude de la maison existante et des possibilités de rénovation. La maison a été rénovée en utilisant des matériaux et des enduits traditionnels – présentant de ce fait les nouveaux travaux comme une intervention effectuée dans le cadre d'un bâtiment 'traditionnel' ».

Stanley Street Extension

Sean Cooney
Melbourne, Victoria, Australia
Photography by Shannon McGrath

The work done in this instance involved alterations and additions to an existing weatherboard residence for a young family in Brunswick. The brief called for the reconfiguration of the existing structure, with an extension designed to be sustainable and connect strongly with the garden areas. Working with a modest budget, the architect embedded a long pavilion into the existing structure for the study and master bedroom. He describes this insertion in terms of a collision visible in the folded interior ceiling. 'The pavilion,' says Cooney, 'is perceived as a separate form and is connected via a step-down from the main building. This step-down living area is a transitional point not only between the structures but also between the internal and external environments. It becomes the hub of the dwelling adopting the garden as habitable floor area'. Passive and sustainable systems are used for optimised energy consumption, and natural lighting is provided wherever possible.

Les travaux effectués avaient trait à des modifications et des adjonctions apportées à une résidence à parement de planches pour une jeune famille de Brunswick. L'architecte avait pour tâche de reconfigurer la structure existante et d'y ajouter une extension durable qui soit en rapport étroit avec les jardins. Disposant d'un budget modeste, l'architecte a inséré dans la structure existante un long pavillon destiné à recevoir le bureau et la chambre à coucher principale. Il décrit cette insertion comme étant une collision visible du plafond intérieur rabattu. « Le pavillon, dit Cooney, est perçu comme une forme séparée connectée au bâtiment principal par une descente de marche. Cet espace de séjour à descente de marche fait office de point de transition, non seulement entre les structures mais également entre les environnements intérieur et extérieur. Il devient la plaque tournante de l'habitation, transformant le jardin en surface habitable ».

Des systèmes passifs et durables sont utilisés pour optimiser la consommation d'énergie, et il est fait usage de la lumière naturelle autant que possible.

(Steel Cube)

Dorner Matt
Bregenz, Austria
Photography by Christian Matt

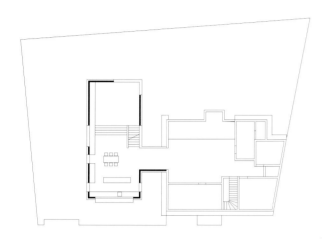

The architect Christian Matt returned to his hometown after spending four years in the office of Jean Nouvel – three of them as a senior architect on the Gasometer conversion project in Vienna. As he puts it, this experience 'Crashed into the urban administration's vision of cosiness' when he undertook to extend a grand middle-class house in Bregenz. His extension – 'plunged like an appendix into the garden space' – is connected by an upper-floor glass bridge to the original house. Three years of discussions with clients convinced of the interest and value of contemporary architecture led to a steel cube that conceals a split-level residence. Christian Dorner writes, 'The façades of the house in the Plattenstrasse appear as rear sides, because the 4-millimetre-thick steel was not provided with artificial rust patina, but still clearly shows the spotted montage traces, scratches and oily gleaming on the welded back joints. Behind this ... the logic of newly found solutions is concealed. However, like an oyster, the building emerges on the inside to reveal a finely composed elegance. From the doorstep on, the rebellion changes to a refined hedonism that goes far beyond the neighbouring modesty.'

Christian Matt est retourné dans sa ville natale après avoir travaillé pendant quatre ans dans le cabinet de Jean Nouvel – trois ans en tant qu'architecte principal dans le projet de conversion du « Gazomètre » à Vienne. Comme il le dit lui-même, ses travaux d'extension d'une vénérable maison bourgeoise de Bregenz « sont entrés en collision avec la vision douillette que l'administration urbaine se faisait du projet ». Son extension – « s'enfonçant dans l'espace jardin tel un appendice » – est reliée à la maison par un pont de verre partant du premier étage. Trois années de discussions avec les clients, convaincus de l'intérêt et de la valeur de l'architecture contemporaine, ont conduit à la création d'un cube d'acier qui dissimule une résidence à demi-niveaux. Christian Dorner écrit : « Les façades donnant sur la Plattenstrasse font penser à l'arrière de la maison, car l'acier de 4 millimètres d'épaisseur n'avait pas été artificiellement pourvu d'une patine rouille et montrait clairement les traces tachetées du montage, des éraflures et des reflets huileux sur les soudures de soutien. Derrière ceci... se dissimule la logique de solutions nouvelles. Toutefois, telle une huître, la maison révèle un intérieur d'une élégance admirablement bien composée. A partir du pas de porte, la rébellion se transforme en un hédonisme raffiné, qui va bien au-delà de la pudeur environnante ».

Strathblane House

Studio Kap
Strathblane, UK

Photography by Keith Hunter

The clients' brief was to extend the house and open it to the garden and the wide landscape beyond. The house sits in a mature suburban landscape on the hillside looking northwest across Strathblane to Dumgoyne, the westerly outpost of the Campsie Fells. The existing house, rather pretty and somewhat cottage-like from the front, was very square in plan with a truncated pyramidal roof. The back, unlovely but opening onto these wonderful views, appeared unfinished or even chopped off, presenting a sheer two-storey face to the garden. A new central external space facing the garden was created by extensions to the east with a kitchen and dining area and west with a study. A garden room, garage and porte-cochère, as well as a raised terrace to the rear were part of the overall plan, giving a new coherence and modernity to the old suburban house.

Les clients voulaient prolonger la maison et l'ouvrir sur le jardin et le paysage au-delà. La maison est située dans un vieux faubourg sur le coteau nord-ouest de Strathblane faisant face à Dumgoyne, l'avant-poste ouest de Campsie Fells. La maison existante, plutôt jolie et ressemblant à un cottage vue du devant, présentait un plan très carré avec un toit pyramidal tronqué. L'arrière, peu attrayant mais s'ouvrant sur un panorama magnifique, semblait être inachevé, voire même coupé, présentant deux niveaux dénudés au jardin. Un nouvel espace central extérieur faisant face au jardin a été créé par une extension à l'est, contenant une cuisine et une salle à manger, et une extension à l'ouest, contenant un bureau de travail. Une pièce de jardin, un garage avec porte cochère et une terrasse surélevée à l'arrière s'inscrivaient également dans le plan de masse, donnant cohérence et modernité à la vieille maison de banlieue.

Surinameplein Apartment

Marc Prosman
Amsterdam, The Netherlands
Photography by Christian Richters

This 140-square-metre apartment is located in the centre of Amsterdam, behind the Vondelpark. The architect writes, 'The 1920's buildings in this area were built in typical Amsterdamse School style. The old structure of the apartment and the room sizes are maintained, but thanks to a double-height hall with a glass floor and a few precisely positioned wall openings, all spaces are spatially and visually linked. The task was to create an overview of the whole area, from one corner to the other. One continuous space has been created, with sliding doors to provide intimacy'. A judicious selection of certain old elements in the duplex, such as the balustrade and a six-sided window, affirms the origins of the space.

Cet appartement de 140 mètres carrés est situé dans le centre d'Amsterdam, derrière le Vondelpark. L'architecte écrit : « Les bâtiments des années 1920 de ce quartier ont été construits dans le style typique de l'école amstellodamoise. L'ancienne structure de l'appartement et la taille des pièces ont été maintenues, mais grâce à un vestibule à double hauteur et à plancher de verre, ainsi que quelque ouvertures de mur positionnées avec précision, toutes les pièces sont reliées, dans l'espace et visuellement. La tâche consistait à créer une vue d'ensemble de toute la surface, d'un coin de l'appartement à l'autre. Un espace continu a été créé, avec des portes coulissantes pour assurer l'intimité ». La judicieuse sélection de certains anciens éléments du duplex, tels que la balustrade et une fenêtre à six côtés, témoigne des origines de l'endroit.

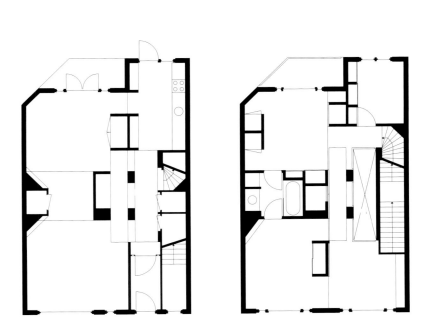

T-House

Jakob + MacFarlane
La Garenne-Colombes, France
Photography by N. Borel

La Garenne-Colombes is a suburb close to Paris where small individual houses are the rule, despite the proximity of the La Défense towers. After a first extension of their house in 1994, this family of two adults and two children called on Jakob + MacFarlane to intervene a second time, creating a loft for the children on the roof of the house. As the architects write, 'Zinc-clad volumes are interlinked, offering a maximum amount of light while protecting views from neighbouring houses, and offering views of the street and the sky'. The 160-square-metre residence had 45 square metres added to it in 1998. The main building materials for the extension are pine and zinc.

La Garenne-Colombes est une banlieue proche de Paris où les maisons individuelles de petite taille sont la norme, ce en dépit de la proximité des tours de La Défense. Après une première extension faite à leur maison en 1994, cette famille de deux adultes et de deux enfants a fait de nouveau appel à Jakob + MacFarlane, pour qu'ils créent un loft sous le toit pour les enfants. Comme l'écrivent les architectes, « des volumes recouverts de zinc se rejoignent, maximisant la quantité de lumière tout en protégeant des regards indiscrets et offrant une vue sur la rue et le ciel ». 45 mètres carrés ont été ajoutés à cette résidence de 160 mètres carrés en 1998. Les principaux matériaux utilisés pour l'extension sont le pin et le zinc.

Tall Acres

Studio for Architecture
Pittsford, New York, USA
Photography by Mehrdad Hadighi

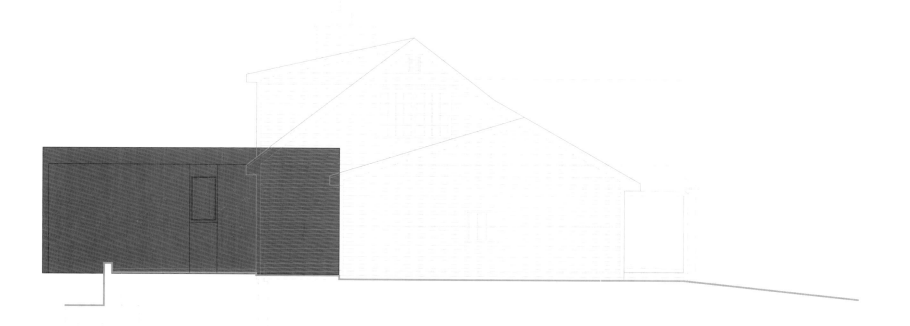

The architect Mehrdad Hadighi assisted a couple with a large extension to their suburban house located near Rochester, New York. Completed for US$148,000, the work added only 11.5 square metres to the original 218-square-metre house, as well as a 23-square-metre terrace. The unexpected structural and spatial innovation of the work proposed by Hadighi was the creation of a 75-tonne cast-in-place concrete tube that spans two existing foundation walls and cantilevers into and out of the house. Though described by the architect as a tube, the concrete form is actually rectangular. Despite this dramatic architectural gesture, costs were kept low by avoiding excavation of foundation work. The black-pigmented concrete was formed using acrylic-faced plywood and then hand polished to give the smoothest surface possible. A kitchen with a 5.5 x 1.2-metre monolithic stainless steel counter was another feature of the newly refurbished spaces.

L'architecte Mehrdad Hadighi a aide un couple à créer une extension de grande taille de leur maison de banlieue située près de Rochester, dans l'Etat de New York. Achevés à un coût de 148 000 dollars américains, les travaux n'ont ajouté que 11,5 mètres carrés à la maison originale de 218 mètres carrés, plus une terrasse de 23 mètres carrés. La surprenante innovation structurale et spatiale de l'œuvre proposée par Hadighi a été la création d'un tube de béton coulé sur place de 75 tonnes, qui s'étend sur deux murs de fondation et qui s'encorbelle vers l'intérieur ou l'extérieur de la maison. Bien qu'étant décrit par l'architecte comme un tube, la forme de béton est en fait rectangulaire. En dépit de cette remarquable prouesse architecturale, les coûts ont été contenus en évitant des travaux de fondation. Le béton de pigmentation noire a été formé par l'utilisation de contreplaqué revêtu d'acrylique et poli manuellement pour lui donner une surface la plus lisse possible. Une cuisine équipée d'un plan de travail en inox d'une seule pièce de 5,5 m x 1,2 m est un autre exemple de ces nouveaux travaux de rénovations.

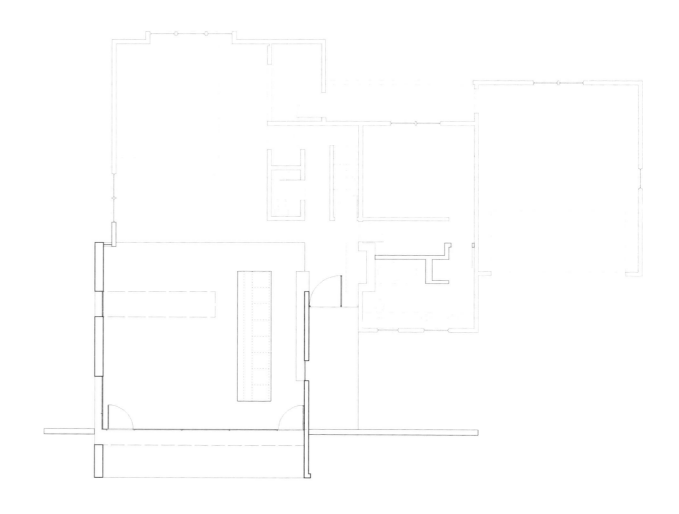

Taubenweg House

Roland Dorn
Paderborn, Germany

Photography by Lucas Roth

The city of Paderborn is located in North Rhine-Westphalia. It was in Paderborn that the Holy Roman Empire was born, when Charlemagne met with Pope Leo III in 799 to discuss plans for the founding a German nation. The architects were called on to add more kitchen space and a drawing room to a freestanding single-family house built in about 1961 'in the spirit of Hermann Muthesius'. Two 6.5-metre cubes were added where the existing drawing room ended. These white blocks contrast with the pastoral architecture to which they are added. The cube closest to the house serves as an extension of the dining area, while the other is more withdrawn, and open to the outdoor setting of the house. According to the architects, 'Both the old and the new structures maintain their autonomy but are interrelated through functions and perspectives'.

La ville de Paderborn est située dans le Land de Rhénanie-du-Nord-Westphalie. C'est à Paderborn que naquit l'Empire romain chrétien, lorsque, en 799, Charlemagne rencontra le pape Léon III pour discuter du projet de fondation d'une nation allemande. Les architectes ont été chargés d'agrandir l'espace cuisine et d'ajouter un salon de réception à une maison individuelle, construite en 1961 et habitée par une seule famille, conformément à l'esprit de Hermann Muthesius. Deux cubes de 6,5 mètres de côté ont été ajoutés là où le salon de réception se terminait. Ces blocs blancs contrastent avec l'architecture pastorale à laquelle ils ont été ajoutés. Le cube le plus près de la maison sert à prolonger la surface salle à manger, alors que l'autre est plus en retrait et s'ouvre sur le cadre extérieur de la maison. Selon les architectes : « L'ancienne et la nouvelle structures conservent leur autonomie, mais sont reliées entre elles fonctionnellement et par le biais des perspectives ».

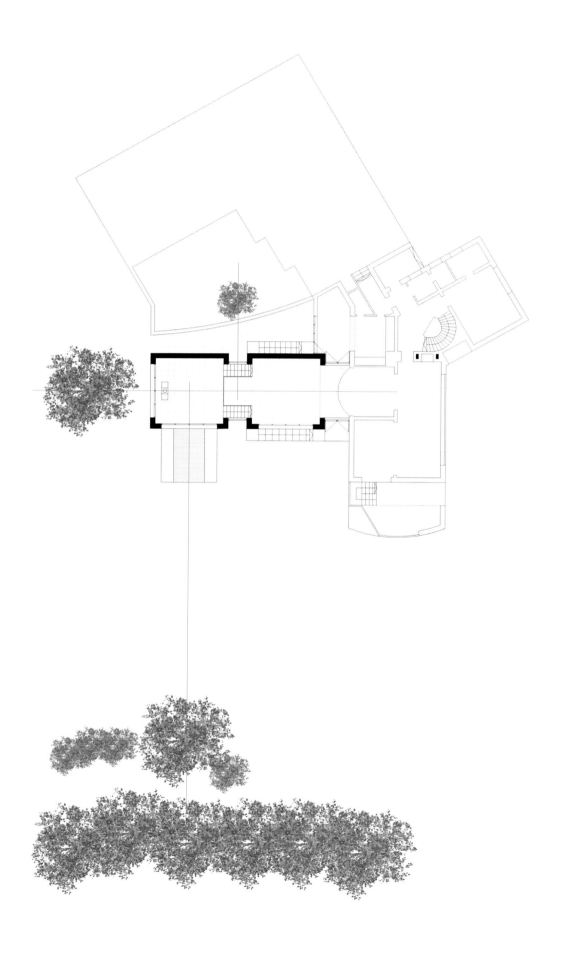

Tyson House

Marlon Blackwell
Northwest Arkansas, USA
Photography by Timothy Hursley

The architect was called on to redesign a fire-damaged house with very specific requirements – no more than three weeks were allowed for design and work was only permitted in areas affected by the fire. Further complicating the tasks, the original concrete block piers at the corners of the existing spaces had settled differently over time, resulting in few horizontal surfaces. This problem was overcome by adding cherry and walnut veneer panels over the pier walls and along the ceiling, forming a detached interior skin. Renovated spaces included mezzanines, sleeping lofts, a deck and a basement mechanical room – a total of 411 square metres at a cost of US$1.5 million. As the architect describes his intervention, 'Comfortably astride the old house, the angled shell forms exude empathy with a rusted barn nearby; the effects of weather and dripping tree sap provide their rusted surfaces with character – raw and visceral – a foil to the painted shades of beige on the walls below. Out of the ashes, a new structure emerges, a history continues; the old is transformed'.

L'architecte avait été chargé de reconcevoir le plan d'une maison endommagée par le feu selon des prescriptions bien précises – il n'avait que trois semaines pour l'établissement du nouveau plan et les travaux de modification ne devaient porter que sur les zones touchées par l'incendie. Compliquant encore plus la tâche, les piliers en blocs de béton aux coins des espaces existants s'étaient, avec le temps, tassés de manières différentes, ce qui faisait que peu de surfaces étaient restées horizontales. Ce problème fut résolu par l'ajout de panneaux en cerisier et en noyer plaqués sur les piédroits et le long du plafond, formant une enveloppe intérieure détachée. Les espaces rénovés comprenaient les mezzanines, les chambres aménagées au grenier, une terrasse et un local technique au sous-sol – un total de 411 mètres carrés pour un coût de US$1,5 million. L'architecte décrit ainsi son intervention : « Confortablement à califourchon sur la vieille maison, les formes en coquilles inclinées donnent une impression de communion avec la grange rouillée non loin de là ; les intempéries et la sève dégoulinante des arbres donnent un certain caractère à leurs surfaces rouillées – un caractère brut et viscéral – un contraste avec les nuances de beige de la peinture des murs en dessous. Une nouvelle structure émerge des cendres, l'histoire reprend son cours ; l'ancien est transformé ».

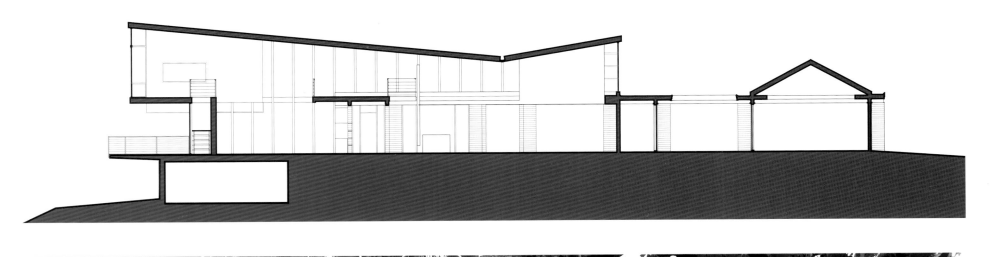

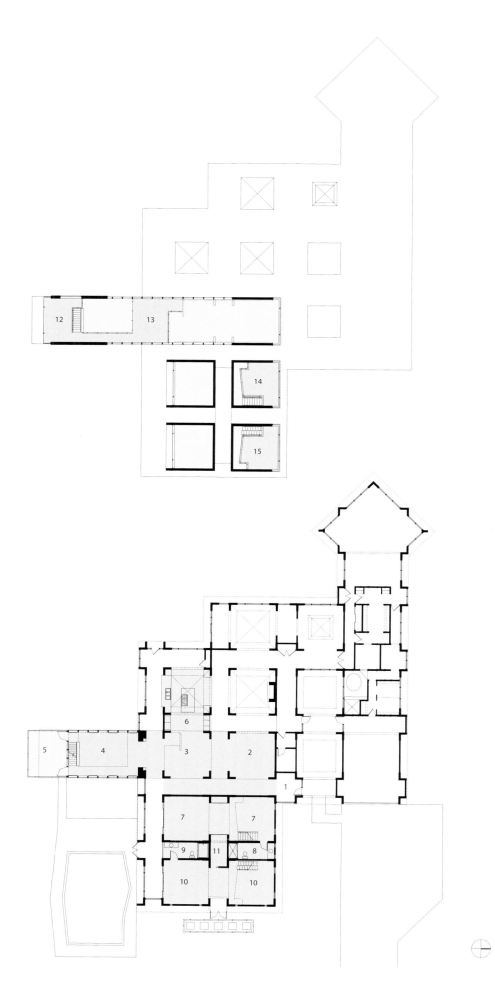

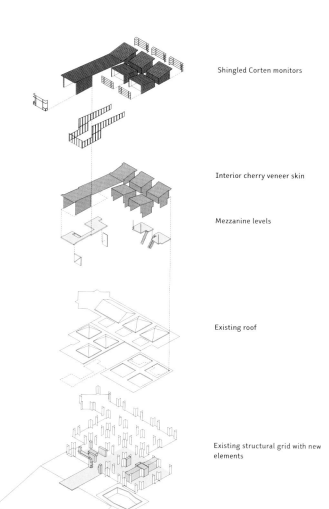

Shingled Corten monitors

Interior cherry veneer skin

Mezzanine levels

Existing roof

Existing structural grid with new elements

1   Entry
2   Gallery
3   Sitting area
4   Living room
5   Covered porch
6   Kitchen
7   Boy's living room
8   Boy's bathroom
9   Girl's bathroom
10 Girl's living room
11 Girl's closet
12 Mezzanine
13 Loft area
14 Boy's loft
15 Girl's loft

Van Breestraat Apartment

Marc Prosman
Amsterdam, The Netherlands
Photography by Christian Richters

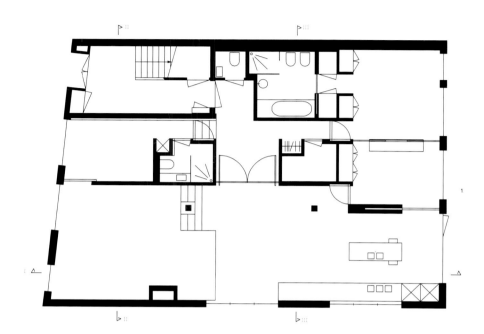

Built in 1900 as a depot for the horse tram, including a stable, this structure became a school for midwives in 1920. Although the architects make it clear that they left the characteristic elements of the first function visible to refer to the past, they above all, respected the client's desire to live in an open and modern space. A long wooden beam and posts were stripped and left intact in the apartment. The central space is occupied by the living room and a strikingly simple John Pawson kitchen. Two bedrooms and a study are located at the opposite end of the upper level. A garden that is 'perfect for meditation' was also designed for this ample residence. A number of sliding or pivoting doors can be used to change the division of the space, and a large number of closets and some furniture are built in, accentuating the impression of contemporary unity.

Construit en 1900 pour servir de dépôt à un tramway à chevaux comprenant une écurie, cette structure est devenue une école pour sages-femmes en 1920. Bien que les architectes aient fait clairement connaître leur intention de laisser visibles les éléments caractéristiques de la première fonction de ce bâtiment en hommage au passé, ils ont complètement respecté le désire du client de vivre dans un espace ouvert et moderne. Une longue poutre et des poteaux de bois ont été décapés et laissés tels quels dans l'appartement. L'espace central est occupé par la salle de séjour et une cuisine John Pawson d'une simplicité remarquable. Deux chambres à coucher et un bureau sont situés à l'autre bout du niveau supérieur. Un jardin, « parfait pour la méditation », a également été créé pour cette ample résidence. Un certain nombre de portes coulissantes et pivotantes peuvent servir à changer la division de l'espace, et de nombreux placards et plusieurs meubles sont encastrés, accentuant l'impression d'unité exprimée par l'art contemporain.

Veen Apartment

Moriko Kira
Amsterdam, The Netherlands
Photography by Christian Richters

According to architect Moriko Kira, 'This classic apartment from the 1930s has been transformed into a contemporary abstract apartment with dynamic spatial relationships. The central entrance hall, which was the most important feature of the original apartment, was the key ingredient of the design and through its abstraction and transformation, a completely new interior was produced'. Located in Amsterdam South, the apartment was typical of the area with its broad façade facing the street and rooms organised around a large central hall. Rather than changing the layout of the apartment, the architect used the central hall as the starting point. All wooden moulds around the doors, ceilings and plinths were removed. Internal doors were changed and vary in width according the width of the rooms. Strong colours were used on the sliding doors and kitchen cabinets. (The 135-square-metre apartment was completed in August 2003.)

D'après l'architecte Moriko Kira : « Cet appartement classique des années 1930 a été transformé en un appartement contemporain abstrait aux relations spatiales dynamiques. Par l'abstraction et la transformation du vestibule central, qui était l'élément le plus important de l'appartement original, un intérieur entièrement nouveau a été créé ». Situé dans le sud d'Amsterdam, l'appartement était caractéristique de l'endroit, avec sa large façade sur la rue et ses pièces disposées autour d'un grand vestibule central. Plutôt que de changer l'agencement de l'appartement, l'architecte a utilisé le vestibule central comme point de départ. Elle a fait retirer toutes les moulures en bois autour des portes, des plafonds et des plinthes. Les portes intérieures ont été changées et varient en largeur en fonction de la largeur des pièces. Des couleurs vives ont été utilisées pour les portes coulissantes et les armoires de cuisine. (L'appartement de 135 mètres carrés a été achevé en août 2003.)

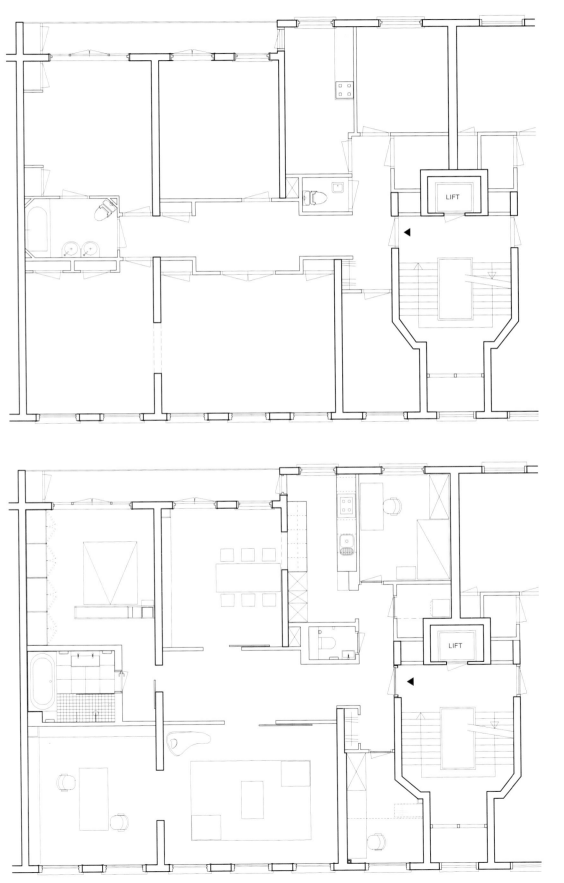

Victorian Townhouse

Sam Marshall Architects
Sydney, New South Wales, Australia
Photography by Brett Boardman

A modern extension was added to a Victorian house in Balmain, an inner suburb of Sydney. As the architect puts it, 'An adventurous client enquired about adding a level to a free-standing, two-storey terrace house to give her a generous bedroom, ensuite and dressing room with expansive views of leafy Balmain, the industrial docks of White and Blackwattle Bay and of the Sydney city skyline. Despite impossible odds with the council, the client persisted and approval was gained'. Windows were carefully placed close to the ceilings, to avoid invading the neighbour's privacy. As a result, views of eucalyptus trees, passing weather, the skyline of the pinnacle of Balmain, Anzac Bridge and most importantly, the city beyond, were consciously framed.

Une extension moderne a été ajoutée à cette maison de l'époque victorienne à Balmain, dans la proche banlieue de Sydney. Comme le dit l'architecte : « Une cliente aventureuse s'était renseignée sur la possibilité d'ajouter un étage à une maison terrasse indépendante de deux niveaux, afin de lui procurer une chambre à coucher de bonnes dimensions avec salle de bains attenante et un dressing qui lui offriraient des vues imprenables sur les arbres feuillus de Balmain, les bassins industriels de White Bay et de Blackwattle Bay et la ligne des toits de Sydney. La partie était loin d'être gagnée avec le conseil municipal, mais elle a persisté et a finalement obtenu l'approbation requise ». On a pris soin de placer les fenêtres près des plafonds, afin de protéger l'intimité du voisin. Le résultat : des vues bien délimitées sur les eucalyptus, le ciel et les changements météorologiques, le Anzac Bridge, pinacle de Balmain, et surtout le centre-ville qui s'étend au-delà.

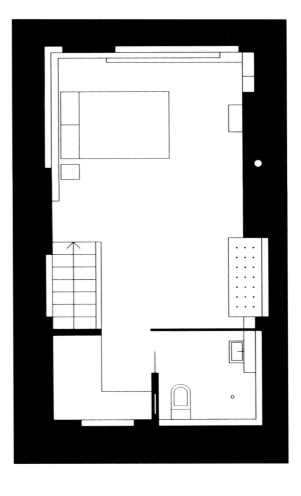

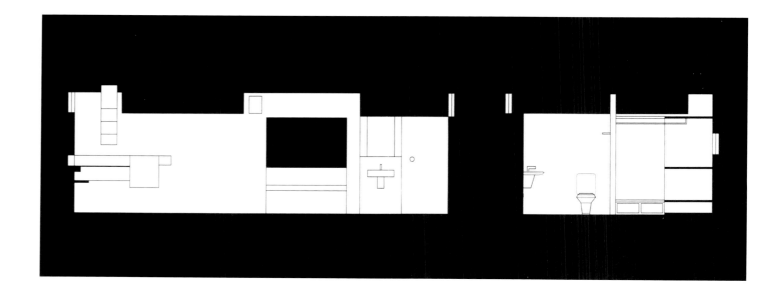

(Villa 57+)

ArchiFactory.de
Dortmund, Germany

Photography courtesy ArchiFactory.de

Two nurseries, a bedroom and a bathroom were added to this inconspicuous house in the south of Dortmund. A dressing room was also created in the existing house. The nurseries are on the ground floor and the bedroom and bathroom above. The shape of the extension was clearly chosen to differentiate it from the existing house. ArchiFactory.de says that the new volume has a 'simple, unornamented and monolithic character that allows a subtle dialogue between the old and the new'. The extension adds 57 square metres to the house and cost €90,000 to build. The forested site inspired them to build a shed resembling a timber annexe, though a proposal by the architects to extend the garden or forested area around the house was refused by the builder, and therefore the final project is not exactly what the architects envisaged.

Deux chambres d'enfants, une chambre à coucher et une salle de bain ont été ajoutées à cette maison discrète du sud de Dortmund. Un cabinet de toilette a également été créé dans la maison existante. Les chambres d'enfants sont au rez-de-chaussée et la chambre et la salle de bain sont à l'étage. La forme de l'extension a manifestement été choisie pour la différentier de la maison existante. ArchiFactory.de décrit le nouveau volume comme étant « d'un caractère simple, dépouillé et monolithique qui permet un dialogue subtil entre l'ancien et le nouveau ». L'extension a agrandi la maison de 57 mètres carrés et a coûté €90 000. Le site boisé a inspiré ArchiFactory à construire une remise ressemblant à une annexe en bois, mais la proposition des architectes d'agrandir le jardin ou l'aire boisée a été rejetée par l'entrepreneur, ce qui explique pourquoi le projet final n'est pas exactement ce que les architectes avaient envisagé.

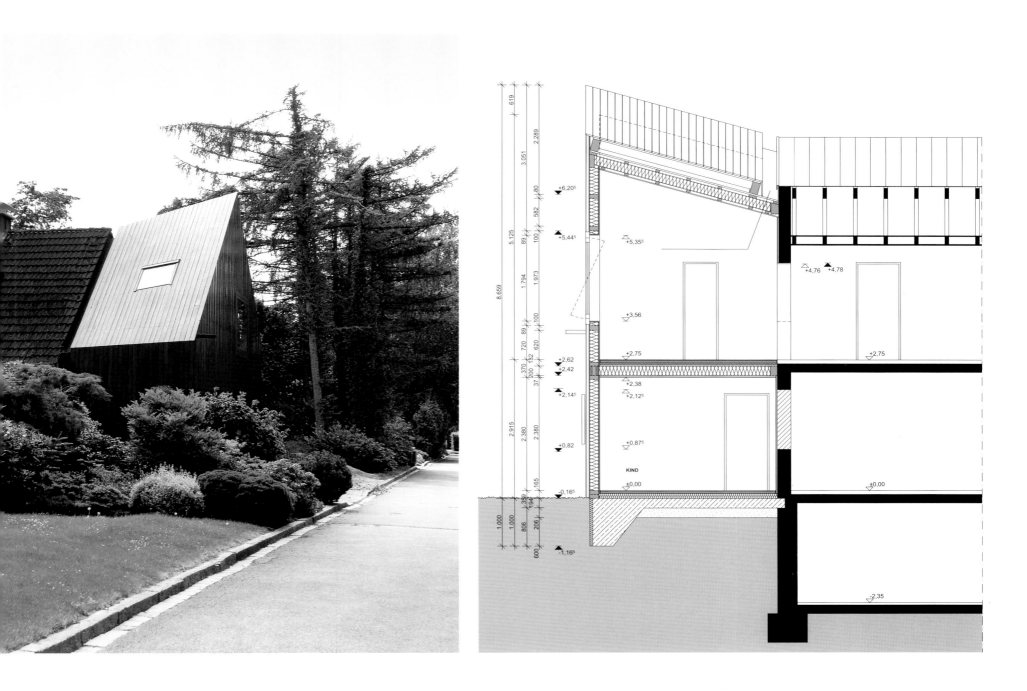

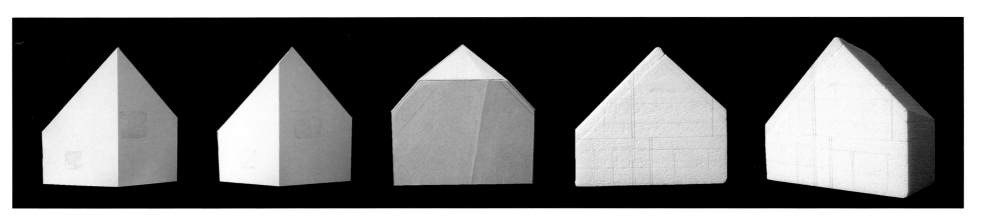

Villa Bollen

One Architecture
Eindhoven, The Netherlands
Photography by Bas Princen

This client built a house 15 years ago in the style of a French villa. He found that his family was more interested in the surrounding setting than in the villa. The architects showed the client a number of possible solutions that ranged from Palladio to Ben van Berkel. His choice was the Farnsworth House by Mies van der Rohe. 'The extension,' explain the architects, 'is slightly elevated so that the broader view of the open plan allows the eye to pass through the building and traverse the entire depth of the garden and landscape. Stainless steel sliding doors in the façade give the extension a pavilion-like feel, where one can breathe the perfume of the trees and feel the warm breeze from the inside'. The architects worked with artist Berend Strik who made a curtain in Barnett Newman red and dark blue. Newman might not have approved the use for these curtains of 'flowers that mirror the flowers in the garden' but the architects have succeeded in reconnecting this house with its natural setting.

Ce client avait construit une villa à la française 15 ans auparavant. Il s'est rendu compte par la suite que sa famille était plus intéressée par le cadre environnant que par la villa en elle-même. Les architectes lui ont proposé un certain nombre de possibilités, qui allaient de Palladio à Ben van Berkel. Le choix du client s'est porté sur la maison Farnsworth conçue par Mies van der Rohe. « L'extension, expliquent les architectes, est légèrement surélevée pour que la vue plus étendue de l'espace décloisonné permette à l'œil de traverser la maison et d'aller jusqu'au fond du jardin et des paysages au-delà. Des portes coulissantes en acier inoxydable installées sur la façade donne à l'extension une impression de pavillon, d'où l'on peut humer la senteur des arbres et sentir la brise tiède ». Les architectes ont travaillé avec l'artiste Berend Strik, qui a fait une tenture en rouge et bleu foncé Barnett Newman. Newman n'aurait peut-être pas approuvé l'utilisation de Fleurs qui reflètent les fleurs du jardin pour les tentures, mais les architectes ont réussi à reconnecté cette maison avec son cadre naturel.

Villa E

Trint + Kreuder d.n.a. Architekten
Cologne, Germany

Photography by Christian Richters

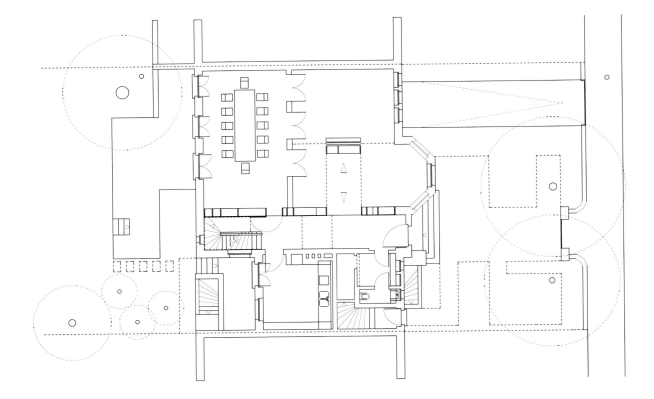

The work on this house, one of a group of four villas built by the British Army after 1918, was carried out between 1999 and 2002. The architects concentrated on conserving the historic façades and the spatial structure of the building. A clear cut between the existing historic building and the newly added sections was thought necessary. As the architects explain, 'The dominant feature of the "cut" concept is a 13-metre-tall structural intervention, that combines stairs and closets to furniture connecting the ground floor to all other areas. This provides access not only to all floors but also to the main living room through an integrated, moveable closet. Mounted on hidden rails next to the entrance, the room-high closet moves into the living room, offering additional space to the entrance area. The "cut" element works like an airlock leading to all private rooms of the house, isolating the private areas from the more public ones acoustically and visually'.

Les travaux effectués sur cette maison, l'une d'un groupe de quatre villas construite par l'armée britannique après 1918, se sont déroulés de 1999 à 2002. Les architectes se sont appliqués à préserver les façades historiques et la structure spatiale du bâtiment. Il a été jugé nécessaire de séparer nettement la construction historique existante des sections nouvellement ajoutées. Les architectes expliquent :
« L'élément dominant du concept de séparation est une intervention structurale de 13 mètres de hauteur qui combine les escaliers et les placards à l'ameublement, reliant le rez-de-chaussée à tous les autres espaces. Il donne non seulement accès à tous les étages, mais aussi à la salle de séjour principale par le biais d'un placard intégré et amovible. Monté près de l'entrée sur des rails cachés, ce placard, aussi haut que la pièce, se déplace dans la salle de séjour, dotant l'aire d'entrée d'un espace supplémentaire. L'élément de séparation fait office de sas conduisant à toutes les chambres privées de la maison, isolant, acoustiquement et visuellement, les espaces privés des espaces communs ».

Waddel House

Studio Kap
Glasgow, UK

Photography by Keith Hunter

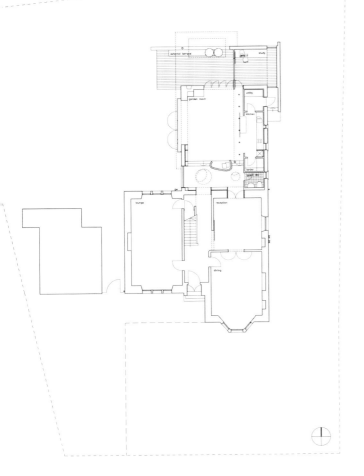

This building is a proud, four-square, blonde sandstone villa set in generous gardens on a quiet, tree-lined street. The rear was remodelled to accommodate new living spaces – a kitchen, study and a terrace oriented towards the garden. The old house was renovated inside on the ground floor to improve its relationship to the new spaces. As it happens, the architects were originally called on only to modify the attic space of the house that had been altered by a previous owner in ways that did not comply with the local building codes. Instead, nine months of construction time, ending in March 2002 were required. The original villa was essentially stripped back to its masonry presence in the course of the work, with a transition to the new space created through an overlapping of floor and ceiling planes along two binding axes. The point of junction itself is celebrated by timber sleeves set within the deep masonry openings.

Ce bâtiment est une fière villa de type « four-square », en pierre de taille d'un jaune très doux, sise dans un jardin luxuriant et située dans une rue tranquille bordée d'arbres. L'arrière a été réaménagé pour y intégrer de nouveaux espaces de séjour – une cuisine, un bureau et une terrasse faisant face au jardin. Le rez-de-chaussée de la vieille maison a été rénové pour l'harmoniser avec les nouveaux espaces. L'architecte avait initialement été chargé de modifier le grenier, que le propriétaire précédent avait transformé de telle façon qu'il n'était plus conforme au code de construction local. Au lieu de cela, il s'ensuivit neuf mois de travaux qui se terminèrent en mars 2002. Au cours des travaux, la villa a pratiquement été entièrement décapée jusqu'à la pierre. La transition vers le nouvel espace s'est faite par le biais d'un recouvrement partiel du plan du plancher avec celui du plafond le long de deux axes liants. La jonction est marquée par des manchons en bois fixés dans les ouvertures profondes de la maçonnerie.

(Wagner-Pirch House)

Hans Gangoly
Neudauberg, Austria
Photography by Paul Ott

Completed in December 2002, this 40-square-metre extension cost €70,000. Three generations of the same family live in this small farm, centred around a square courtyard. As the architect explains, 'Various localised modifications were made to meet the demands of the clients. A new entrance, an opening towards the south, a re-evaluation of the inner courtyard, (particularly with a view to usage in all seasons) and a larger living and relaxation area were among the priorities. The original entrance to the courtyard of the farm was made smaller, former storage spaces were converted into a garage, and the entrance roofed with a concrete slab. At the eastern side of the inner courtyard, a glazed, albeit uninsulated, corridor leads to the entrance at the opposite southeastern wing'. A new living room was created on the south side of the house – a totally glazed extension was created and placed in front of the original south façade. The architect sought to create a 'soft' transition without strong contrasts between inside and outside.

Achevée en décembre 2002, cette extension de 40 mètres carrés a coûtée €70 000. Trois générations de la même familie vivent dans cette petite ferme, concentrée sur une cour carrée. Comme l'architecte explique « Il a été apporté diverses modifications localisées pour répondre aux demandes des clients. Une nouvelle entrée, une ouverture faisant face au sud, une réévaluation de la cour intérieure (pour la rendre utilisable en toutes saisons) et une plus grande surface pour le séjour et la détente faisaient partie des priorités. Les dimensions de l'entrée de la cour de la ferme ont été réduites, des espaces de rangement ont été convertis en garage et l'entrée a été recouverte d'une dalle de béton. A l'aile est de la cour intérieure, un passage vitré, mais non isolé, mène à l'entrée de l'aile sud-est ». Une nouvelle salle de séjour a été créée sur le côté sud de la maison – une extension entièrement vitrée a été construite en face de la façade sud. L'architecte a voulu créer une transition « douce » sans contraste frappant entre l'intérieur et l'extérieur.

Watertank Conversion

Dick van Gameren Architecten
Amsterdam West, The Netherlands
Photography by Christian Richters

Working with a masterplan that proposed the integration of the concrete storage tanks of a former sewage treatment plant into a housing project, architects Dick van Gameren and Bjarne Mastenbroek decided to challenge the original plan, which called for seven circular urban villas. They preferred to retain the original slurry tanks and pre-treatment facilities, contrasting these raw industrial elements with the new residences. One of the concrete drums was used as storage space, another as a grey-water collection tank and the third as a small apartment building. The gross surface area of this project was 700 square metres and the construction costs were €420,000. The penthouse apartment offers a 360-degree view of Amsterdam West, a park and lake. A central living room is lit only by a skylight, with other spaces arrayed around the periphery of the drum. The introverted spaces in the centre are contrasted with the open areas at the periphery.

Travaillant avec un plan directeur qui proposait l'intégration des réservoirs de stockage en béton d'une ancienne station d'épuration des eaux usées dans un projet de logement, les architectes Dick van Gameren et Bjarne Mastenbroek ont décidé d'aller à l'encontre du plan original, qui préconisait sept villas circulaires de type urbain. Ils ont préféré conserver les bassins de décantation et les installations de prétraitement, pour contraster ces éléments industriels à l'état brut avec les nouvelles résidences. L'un de ces cylindres en béton a été utilisé comme espace de rangement, un autre comme réservoir de captage des eaux grises et le troisième comme un petit bloc d'appartements. La superficie totale de ce projet était de 700 mètres carrés et les coûts de construction se sont élevés à €420 000. L'appartement-terrasse offre une vue de 360 degrés sur Amsterdam, un parc et un lac. Une salle à manger centrale n'est éclairée que par une claire-voie, les autres espaces étant disposés sur le pourtour du cylindre. Les espaces centraux repliés sur eux-mêmes contrastent avec les surfaces ouvertes de la périphérie.

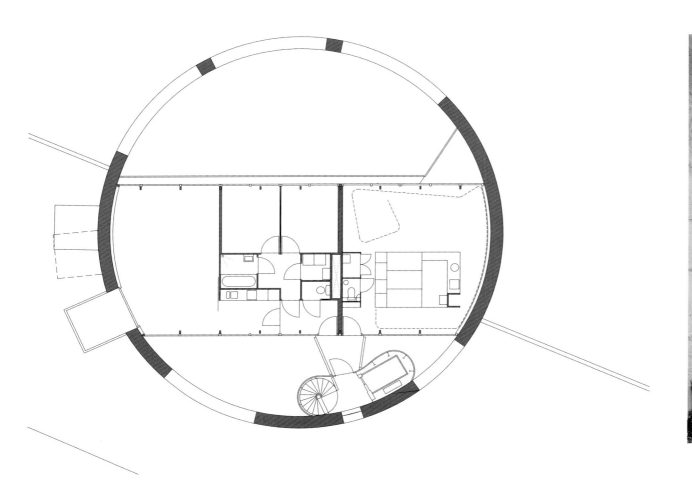

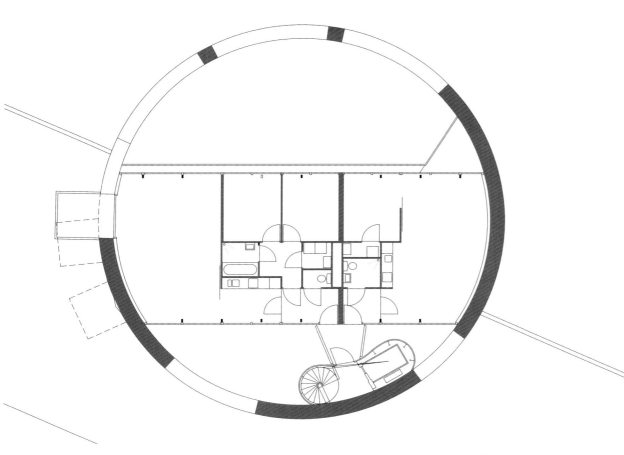

West London House

Boyarsky Murphy Architects
Hammersmith, London, UK
Photography by Hélène Binet

The architects were called on to remodel a Victorian terrace house. They retained only the shell of the original structure, which then became a pretext for the reinvention of a house ordered by light and the manipulation of extreme vertical void spaces. A 9-metre opening is the centre of the design with a single flight of oak steps. In a gesture that recalls some of the rather surprising openness of Pierre Chareau's Maison de Verre in Paris, the architects suspended a glass shower above the void with a floor and wall that can be electronically switched from opaque to transparent. Bedrooms are located on the top level, which has a leather floor. The excavation of the basement also added new space to the house.

Les architectes avaient été chargés de rénover une maison mitoyenne de l'époque victorienne. Ils n'ont conservé que la coque de la structure d'origine, ce qui est ensuite devenu un prétexte pour réinventer une maison commandée par la lumière et la manipulation d'extrêmes espaces vides verticaux. Une ouverture de 9 mètres forme le centre du plan, avec une volée d'escalier unique en chêne. Dans un geste qui ne va pas sans rappeler la surprenante configuration découverte de la Maison de Verre de Pierre Chareau à Paris, les architectes ont suspendu dans le vide une douche en verre, dont le plancher et les parois peuvent, électroniquement, passés de l'opaque au transparent. Les chambres à coucher sont situées au dernier étage, qui pourvu d'un revêtement de sol en cuir. Dans le cadre du projet, on a également procédé au creusement du sous-sol pour ajouter un nouvel espace à la maison.

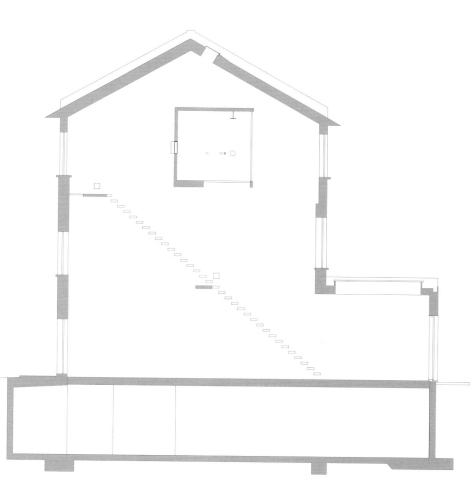

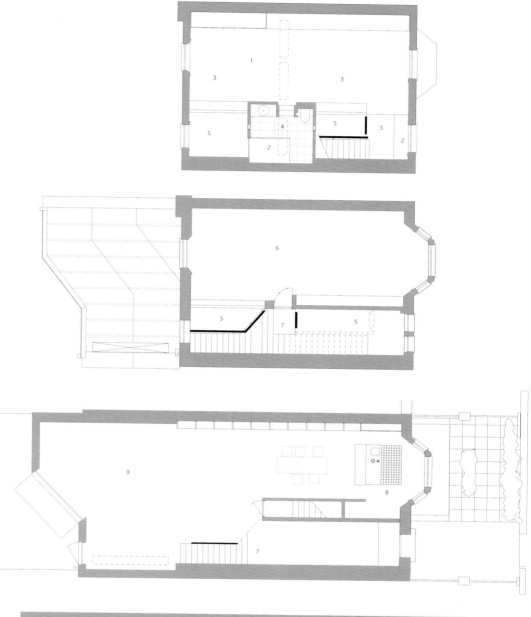

1 Bedroom
2 Glass floor
3 Leather floor
4 Shower box
5 Void
6 Study
7 Cantilevered stairs
8 Kitchen
9 Living room
10 Utility
11 Guest bedroom

Wienerwald House

ARTEC Architekten
Tullnerbach, Austria
Photography courtesy ARTEC Architekten

The town of Tullnerbach, near Vienna, has about 3200 residents and 1400 hectares of forest (70 percent of the municipal area). The architects were asked to renovate a turn-of-the-century house with a large garden, located at the edge of the forest. The pleasant, local character of the house and its tower were to be maintained, while the interior was to be converted into a modern space where wood and specially designed bathroom fixtures, among other features, were integrated into the existing volumes. A priority was to bring as much light into the old house as possible. Two families live in the four-storey residence, which was opened up on the south side with large sliding aluminium doors and projecting glazed loggias, offering generous views of the forest. The previously small internal spaces were opened up within the configuration of the original residence. The architects succeeded in modernising the house without losing its pronounced regional flavour.

La ville de Tullnerbach, près de Vienne, compte environ 3 200 habitants et 1 400 hectares de forêt (70 pour cent de la superficie de la municipalité). On avait demandé aux architectes de rénover une maison de la fin du siècle dernier dotée d'un grand jardin et située en bordure de forêt. Le caractère plaisant et typiquement local de la maison et de sa tour devait être préservé, alors que l'intérieur devait être converti en un espace moderne ; des boiseries, des installations sanitaires spécialement conçues pour l'endroit et d'autres aménagements ont été intégrés aux volumes existants. Une des priorités était d'introduire le plus de lumière possible dans la vieille maison. Deux familles habitent cette résidence de quatre étages, qui a été ouverte sur le sud par de grandes portes coulissantes en aluminium et des loggias vitrées en saillie, offrant ainsi une vue généreuse sur la forêt. Les petits espaces internes ont été ouverts dans le cadre de la configuration de la résidence d'origine. Les architectes ont modernisé la maison tout en préservant son caractère typiquement régional.

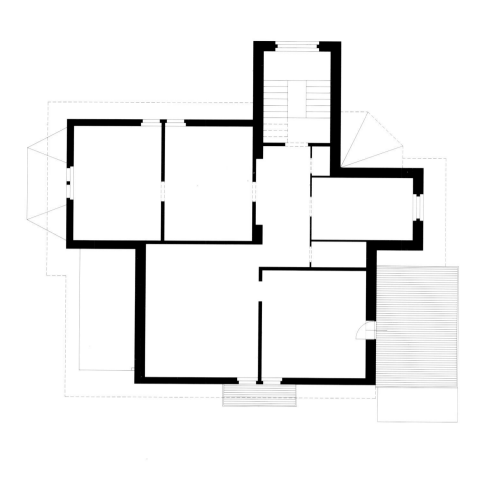

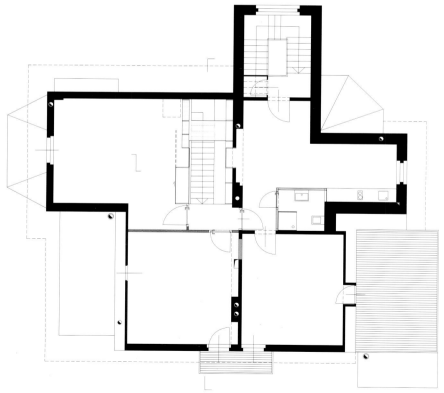

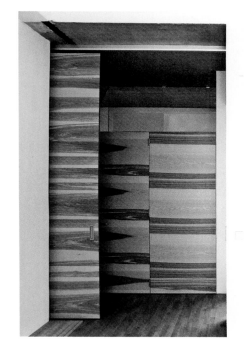

Wolf House

The Wolf house is located in a suburb of Munich in an area of houses dating from the post-war period. The residence is located in a garden with a number of old trees. As the architect says, 'When you are in it, it is a bit like living in a tree house'. Windows for the extension are similar to those on the existing bungalow. The timber-frame house is finished with an aluminium façade and larch windows. The architects planned the entire project, including the interior design and some of the furniture such as bookshelves and bathroom cabinets. This was the first completed work by the architect's office, and was finished in 1994.

La maison Wolf est située dans une banlieue de Munich dont les maisons datent de l'après-guerre. La résidence se trouve dans un jardin contenant de vieux arbres. Comme le dit l'architecte : « Lorsque vous êtes à l'intérieur, c'est un peu comme si vous viviez dans une cabane dans les arbres ». Les fenêtres de l'extension sont similaires à celles du bungalow d'origine. La maison à charpente de bois a été finie avec une façade en aluminium et des fenêtres en mélèze. Les architectes ont conçu la totalité du projet, y compris la décoration intérieure et certains des meubles, tels que les étagères à livres et les armoires de toilette. Ce fut le premier projet réalisé par le bureau d'architectes ; il fut achevé en 1994.

Wooden Extension

Frédéric Gams
Bagnolet, France
Photography by Emmanuelle Blanc

Bagnolet is a town of about 35,000 people located in the Seine-Saint-Denis area near Paris. Called in to extend a small two-storey house, the architect proposed a wooden enlargement, perched above the ground and resting on two thin galvanised steel pillars. Because a heritage-listed church was closer than 500 metres to the house, the extension had to be approved by the Bâtiments de France – the French historic monument authority. Because the owners had researched the requirements of the authorities, the plan was quickly accepted. The prefabricated extension was installed in place in just three days and added 16 square metres to the house. The extension and reworking of the existing interiors cost €80,600.

Bagnolet est une ville d'environ 35 000 habitants dans le département de Seine-Saint-Denis près de Paris. Chargé de prolonger une petite maison de deux niveaux, l'architecte a proposé de construire une extension surélevée en bois reposant sur deux minces piliers en acier galvanisé. Comme une église classée patrimoine national se trouvait à moins de 500 mètres de la maison, l'extension devait recevoir l'approbation des Bâtiments de France – l'autorité française compétente en matière de monuments historiques. Les propriétaires ayant fait les démarches nécessaires auprès de cette autorité, le plan a été promptement accepté. L'extension en éléments préfabriqués a été montée en tout juste trois jours, ajoutant 16 mètres carrés à la maison. L'extension et les travaux de modification des intérieurs existants ont coûté €80 600.

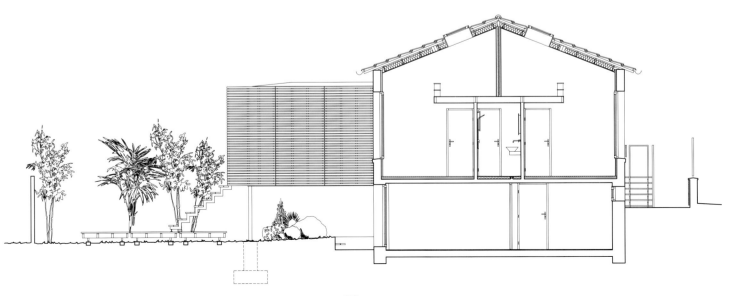

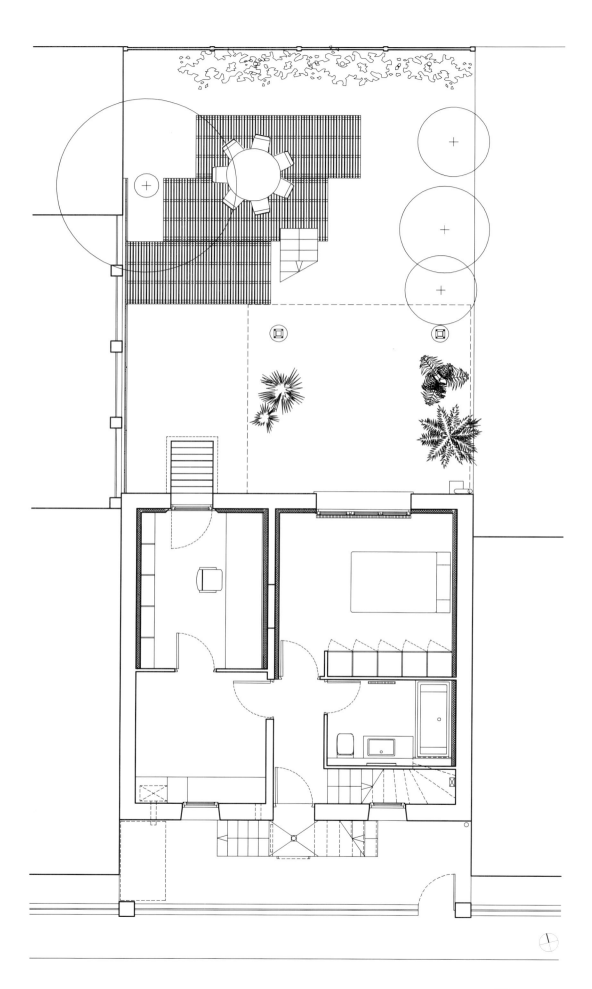

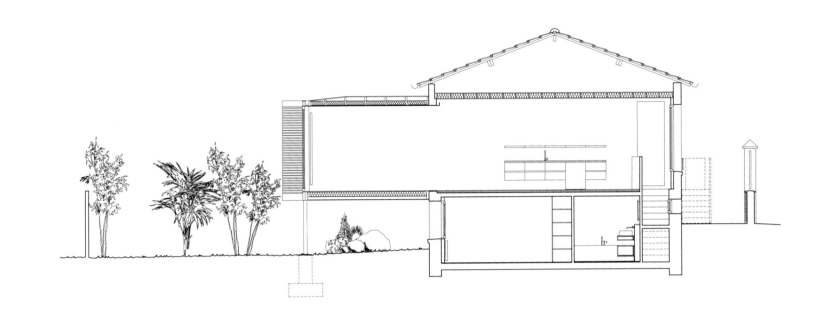

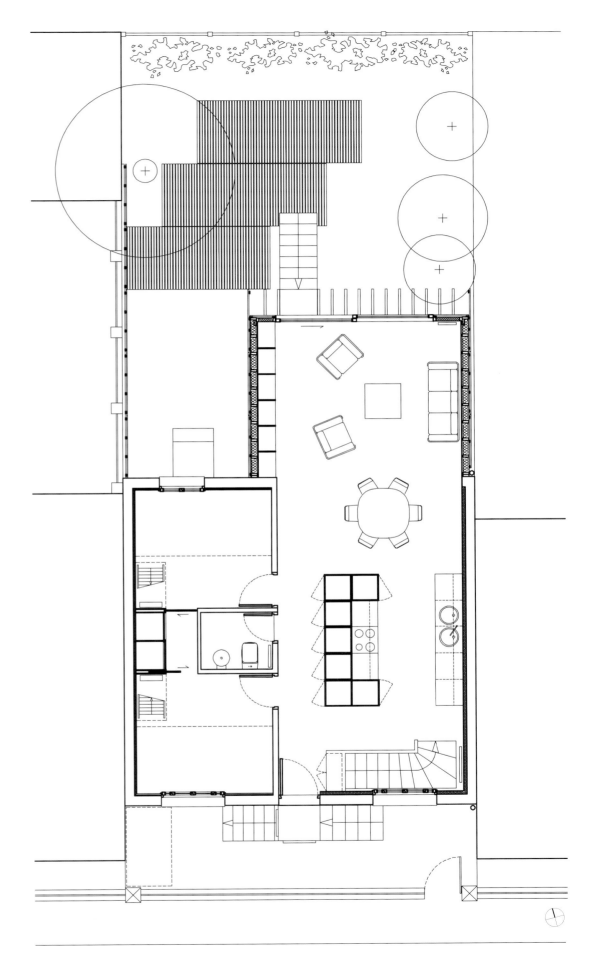

Woolamai House

Robert Simeoni Architects
Phillip Island, Victoria, Australia
Photography by Trevor Mein, John Gollings

Robert Simeoni undertook both the restoration of the original 1876 heritage-listed Victorian house, and the design of a new extension. The work was carried out under the supervision of Heritage Victoria. As the architect explains, 'The new wing is different and validates the existing house without attempting to mimic or reduce its cultural value. A glazed link separates the two buildings and the alignment is slightly offset to create an intimate (both internal and external) space between the two. While the new building is different from the original house in form and expression, it acknowledges the existing one through its siting, proportion and its transparency. Its deliberate openness acts as a counterpoint to the introverted and somewhat mythical nature of the original 19th-century house'. Located on a 10-hectare site, the extension is more of a landscape object than a house. The new building is made of reinforced concrete with a post-tensioned roof structure. Timber framed glazed walls were used in part to offset the difficulties with rust created by the proximity to the sea.

Robert Simeoni a entrepris la restauration d'une maison victorienne classée, construite en 1876, et y a adjoint une nouvelle extension. Les travaux se sont déroulés sous la supervision de Heritage Australia. L'architecte explique : « La nouvelle aile est différente et valide la maison existante, sans pour autant essayer de copier ou de diminuer sa valeur culturelle. Les deux bâtiments sont séparés par un lien vitré et leur alignement est légèrement décalé pour créer un espace (intérieur et extérieur) intime entre eux. Bien que la nouvelle construction soit différente de la maison originale par sa forme et son expression, elle rend hommage à cette dernière par son emplacement, ses proportions et sa transparence. Son ouverture délibérée sert de contrepoint à la nature introvertie et quelque peu mythique de la maison originale du XIXe siècle ». Sise sur un site de 10 hectares, l'extension est plus un objet de paysage qu'une maison. Ce nouveau bâtiment est fait de béton armé avec une toiture postcontrainte. Des pans de bois vitrés ont été utilisés pour, notamment, pallier les problèmes de rouille créés par la proximité de l'océan.

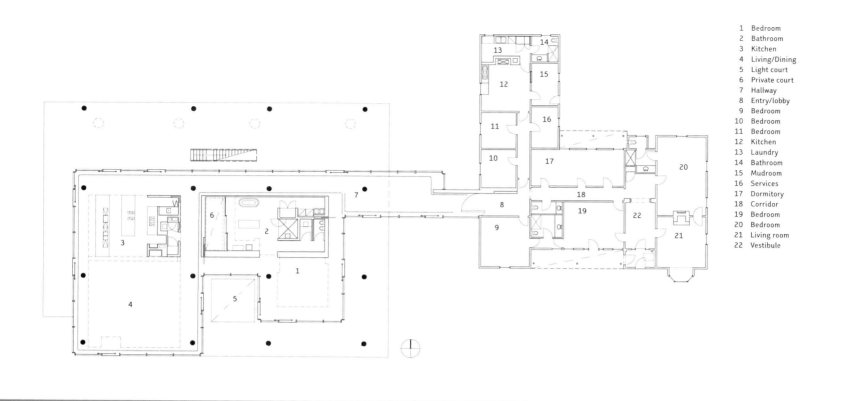

1 Bedroom
2 Bathroom
3 Kitchen
4 Living/Dining
5 Light court
6 Private court
7 Hallway
8 Entry/lobby
9 Bedroom
10 Bedroom
11 Bedroom
12 Kitchen
13 Laundry
14 Bathroom
15 Mudroom
16 Services
17 Dormitory
18 Corridor
19 Bedroom
20 Bedroom
21 Living room
22 Vestibule

(Wosk Studio)

Completed in 2001, this addition of new spaces to a traditional house is located above the Pacific Ocean near Los Angeles. The client, a painter, bought the 1920's Spanish-style house with the intention of renovating it. She wanted to add a family room for her teenage son, to create a light-filled studio in one wing and to open the living spaces to the outdoors. The architect says, 'To achieve the clients' strong vision, we designed the painting studio, family room and terraces to commune directly with the landscape'. The new family room and art studio were connected to the existing kitchen and dining area, maximising the area of the back patio and garden. At the juncture between the old and the new, the exterior skin of the existing house becomes the interior wall for the family room, while a skylight also separates the sections. New windows were added while preserving the classic Mediterranean aspect of the house. The art studio is clad in galvanised steel and has 6-metre-high ceilings. Steel beams and trusses define the vaulted interior space, while a skylight bisects the wooden ceiling.

Achevée en 2001, cette adjonction de nouveaux espaces à une maison traditionnelle est située au-dessus de l'océan Pacifique près de Los Angeles. La cliente, une peintre, avait acheté la maison de style espagnol des années 1920 avec l'intention de la rénover. Elle voulait ajouter une salle familiale pour son fils adolescent, créer un studio bien éclairé dans une aile et ouvrir les espaces de séjour sur l'extérieur. L'architecte explique : « Pour réaliser la forte vision de la cliente, nous avons fait les plans du studio de peinture, de la salle familiale et des terrasses de façon à ce qu'ils communient directement avec le paysage ». La salle familiale et le studio d'art ont été raccordés à la cuisine et à la salle à manger existantes, maximisant la superficie du patio et du jardin de derrière. A la jointure de l'ancien et du nouveau, l'enveloppe extérieure de la maison devient le mur intérieur de la salle familiale, les sections étant séparés par une claire-voie. De nouvelles fenêtres ont été ajoutées tout en préservant l'aspect méditerranéen de la maison. Le studio d'art est recouvert d'acier galvanisé et est pourvu de plafonds de 6 mètres de hauteur. Des poutres et des fermes en acier délimitent l'espace intérieur voûté, et une claire-voie bissecte le plafond en bois.

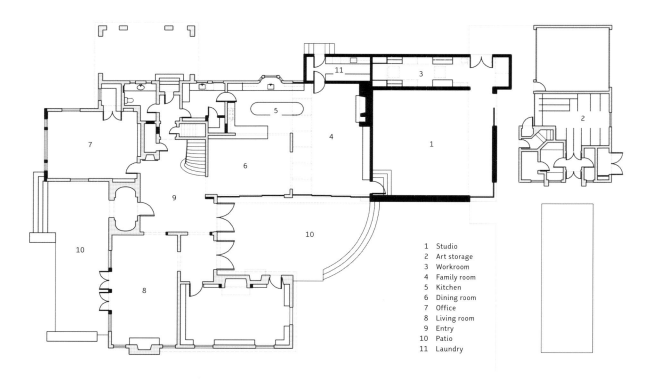

1 Studio
2 Art storage
3 Workroom
4 Family room
5 Kitchen
6 Dining room
7 Office
8 Living room
9 Entry
10 Patio
11 Laundry

Wrap House

Alison Brooks Architects
London, UK

Photography by Cristobel Palmer, Cristobel Palmer Photography

The architects emphasise their desire to strongly relate the interior and exterior of this 100-square-metre addition to a West London detached house. They say that, 'Manipulations to the building's triangulated geometry were made until it stabilised into one crystallised form; integrating the relationship between the structure, cladding, drainage and internal spaces. The timber surface creates a crumpled timber landscape that allows views of the garden from the first floor'. A low dining space on one end opens in a glazed surface towards the garden. At the other end of the extension, the surfaces fold upwards to provide views of a large birch tree, while a fireplace emerges in the middle. An outdoor dining portico is covered by an extension of the surface of the structure, while timber roof and wall surfaces also wrap to become the internal floor and outdoor deck that spills out into the garden and surrounds the tree. Built around a steel frame, the surfaces were created using traditional techniques rather than computer-driven manufacture.

Les architectes mettent l'accent sur leur désir d'établir un lien étroit entre l'intérieur et l'extérieur de cette extension de 100 mètres carrés à un pavillon de l'ouest londonien. Ils s'expliquent : « La géométrie triangulaire de cette maison a été manipulée pour en cristalliser la forme, combinant en un ensemble cohérent structure, parements, écoulement des eaux et espaces intérieurs. La surface en bois crée un paysage sylvestre froissé qui permet d'avoir vue sur le jardin à partir du premier étage ». Un coin salle à manger à l'une des extrémités s'ouvre, par le biais d'une surface vitrée, sur le jardin. A l'autre extrémité de l'extension, les surfaces se replient vers le haut pour offrir la vue d'un grand bouleau, alors qu'un âtre émerge en leur milieu. Un portique, sous lequel on prend ses repas à l'extérieur, est couvert par une extension la surface de la structure, cependant qu'une toiture et des parements de mur en bois aboutissent à la formation du plancher intérieur et de la terrasse extérieure, qui déborde dans le jardin et entoure l'arbre. Construites autour d'une charpente d'acier, les surfaces ont été créées en utilisant des techniques traditionnelles, sans faire appel à la fabrication assistée par ordinateur.

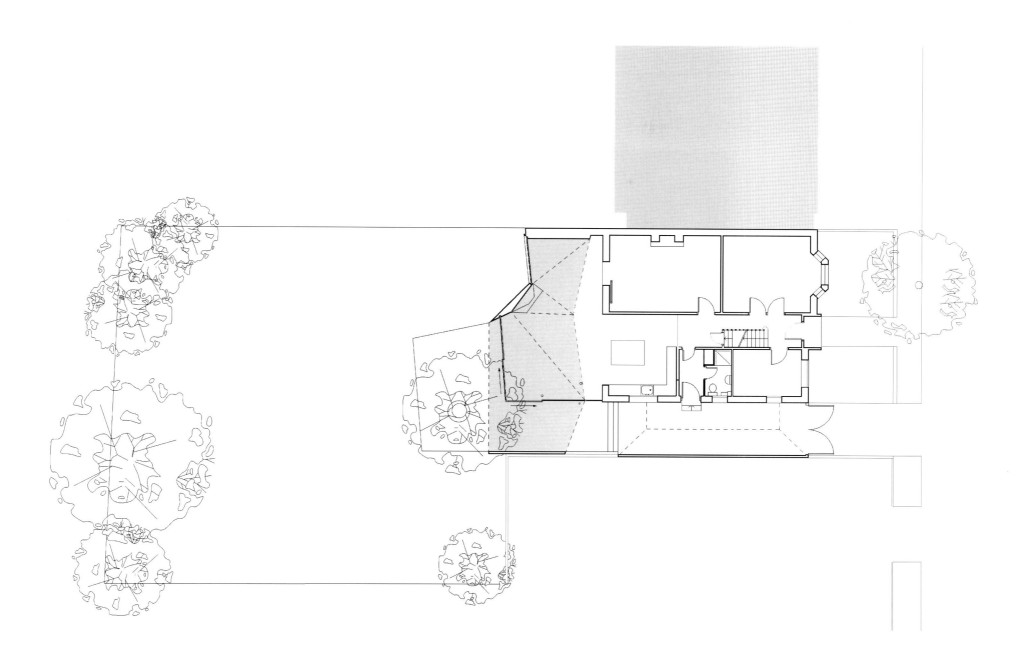

(Index of Architects)

With thanks to my wife Alexandra for her help and encouragement

Je tiens à remercier mon épouse Alexandra de son aide et encouragement.